岩間 浩 編著

綜合ヨガ創始者

三浦関造の生涯 続編

竜王文庫

壮年期の三浦関造氏

綜合ヨガ創始者
三浦関造の生涯 続編

目　次

第二章：三浦関造の親族たち（補遺）……（144）

第三章：三浦関造及び弟子たちの霊的体験……（160）

第四章『祈れる魂』（復刻）……（173）

祈れる魂　目次

◎**参考資料**

はじめに

先年（二〇一六：平成二八年）『綜合ヨガ創始者・三浦関造の生涯』を出版したが、その後、三浦関造及びその弟子・家族・親族らに関する貴重な情報が寄せられたので、ここに紹介し、読者諸氏の参考に供し、同時にこれを三浦関造の顕彰に加えたい。

第一章：霊的治療者・兼子尚積からの啓発

（一）兼子尚積《かねこしょうせき》と三浦関造

三浦関造は、その生涯において数々の霊的体験と霊的治療を行っていた。特に、昭和五（一九三〇）年五月、アメリカに渡る時、船上で富豪ロックフェラー一家の、医師から見放された子供を癒したことが機縁となり、ロックフェラー家による入国手続きでの証言でアメリカ入国がかなった事例が印象深い。それ以前の大正年間にも、講演の旅行途中で病人を癒すなどの霊的治療を行っていたことはすでに記した通りである。しかし、ではどうして、どのようにして、三浦はそのような力と方法とを獲得したのであるかについては不明であった。ところが、出版後、竜王文庫社長の原忠氏から、そのことを解明しうる書・三浦関造著『霊性の体験と認識：日本より全人類へ』（モナス社、昭和四年）復刻版があることを教えられた。この書により、以下の「序」で明らかなように、真摯な人柄と霊的治癒力を持つ「兼子尚積《しょうせき》」氏の存在が浮かび上がった。そこで、まず「序」の文章を示し、後に部分的に兼子氏の治癒の内容（要旨）を示したい（一部現代かなに変換）。

この書はまさに、三浦が昭和五年にアメリカに渡航する直前に発行されたものであり、記念碑的な価値がある。

(二)兼子尚積《かねこしょうせき》の人物像(三浦関造による紹介文)

「私は畏友兼子尚積君が、多年の修行によって立証した体験の真理、名誉の収穫について、その大要をここに述べようとする。私はここに、日本人の生活及び、日本文献の真の立場を見出し、また、全人類によって生くべき第一原則を見出す。「光は東方より」というが、私は具体的にその理由をここに探明したつもりである。

○

今から一六年も前、私がタゴールを訳した時分のこと(編注：三浦のタゴール著『森林哲学・生の実現』翻訳出版は大正三(一九一四)年四月)、内村鑑三氏(一八六一～一九三〇年、無教会キリスト教創始者、伝道者)を随分と感動させた一青年があった。内村氏は同青年に同労の道士たらしむことを求められたが、青年は言下に辞して、「折角ではありますが、僕は今まで通り、人の病気を治しながら、一人で道を歩みましょう」と答えた。

真理のためには孤独を潔とした颯爽《さっそう》たる青年の気魄は、教界の大立役者たる内村氏に、おそらく天籟《てんらい》の響きを投じたことであろう。「兼子氏は偉い人物だ」と、人のことなど賞《ほ》めたこともあるまいと思われる内村氏が、同青年のことを、村井知至氏に語って賞嘆されたという。私は村井氏からそれを伝え聞いた。

その兼子という青年が、すなわちここに紹介する兼子尚積君である。私はそのころから、道に生きる因縁に結ばれ、同君と深い友情の間柄にあった。十数年の歳月は、不思議な歴史を刻んでいく。私はその間、幾多の著作をしたものの、何一つとして思いを果たさず、心に苦しんでいたが、兼子君はその間、まったく沈黙して偉大なる体験を育て上げ、私をして驚かしむる聖者の感化を四囲に黙々として及ぼした。

○

兼子君は今日も病気治療をもって業としている。ありふれた心霊療法でも、祈祷療法でも、気合術でもない。同君の治療原則は、直ちにそれが徹底した哲学であり、芸術の玄妙道《げんみょうどう》であり、一般人生の実際指導原理である。人はこの原理に依らなくては断じて救はれるものではない。

私は十数年間、兼子君から多大な教訓と啓発を受けて来た。真理に生きる聖勇と持久力を鼓舞《こぶ》されつつ、悩み多き生活の心を、どんなに慰められたことか分からない。

○

友人知己の一人もいない土地に行き、看板も広告も一切用いず、沈黙の間に多くの人を救い、多くの人に敬慕され、超人の生活力を、しかも確実に立派に環境に即して行くのは、兼子尚積君である。同君の人格に泰山の崇高さと、大洋の広き静けさを見る私は、悩めるわが魂の霊薬を同君に発見する。

○

私が今日まで多少の重病患者を救い得たのは、ほとんど全く兼子君の賜物である。(編集者による傍線)また私が新心理学を学んで、心身分離の西洋学説に根本的の疑問と不満とを見出した時、早くも心身一如の原則のもとに、泰西《たいせい》心理学者の何人も未だ発見していない万人共通の心理学上の事実を私に提供して、多大な啓発を与えてくれた人は金子君であった。この大問題を縷説《るせつ》(詳細に説く)すれば、哲学的にも科学的にも大貢献になるが、ここには数例によって、そのいかなるものなるかを具体的に説明しておいた。・・・」

昭和四(一九二九)年　著者(三浦関造)

(三)内容

一　心身一如の大原則　その一

病気がちな一二歳の男児の根本原因が、生まれたときからの母子の心身の過度な偏りであることを診断し、それを治すことによって好転した事例が挙げられている。兼子氏は、観察によって男児が左利きであることを見出し、左利きの人は、感受性が鋭敏で、常人の及ばない刺激力をもって、何か仕事に凝《こ》るが、若いうちから次第に左肩が張って、腰を弱くし、のちに腸を悪くし、神経が早く衰えて、終わりを全うしないこと、そのままにしておくと中風になったり、肺病になったり、強度の神経衰弱に罹《かか》ったりすること、しかし、左利きが治れば、中風の根は絶えて、肺も悪くならず、神経衰弱にも罹らないことを説く。

生理的原因として、母親が常に右肩を下にして休んでいたことを突き止め、婦人は左半身に全身の支柱があるので、おのずと左肩を下に休むのが自然であるが、右肩を下に休む習慣がつくと、支柱が右に移ってきて、男性的気性を持つようになることで、お乳の出が少なくなり、肩が発達してくる。すると乳児は左肩を下にして休むことになり、通常男子は右半身に支柱があるのに、左半身に支柱が移行し、自然に左手に力がこもるようになり、左利きになったことを解説している。

心理的には、この男児は好き嫌いの感情が強いことを確認し、のちになると、好きなことは理がかなっていないことも正しいと思うようになり、嫌いなことは、正しいことでも間違いだと思うようになり、極端になると、好き嫌いの情でものごとを判断し、法則と便利とを取り違え、便利のいいことを真理だと主張して承知しなくなる。まず、食べ物の好き嫌いから直し、心理面も直すようにすべきであると述べる。

また、左利きの男子は頭の右に固定した観念作用が偏り、それが癖《くせ》となり、癖で物事を鋭く考えるようになる。それで凝滞し、左半身が凝ってくる。そして、左半身の背中部分が凝ると、右半身の前部が弱ってくる。そのために男児の胃も腸も右の方が弱っている。実（経脈が凝滞している部分）と虚（弱ったところ）は力が平均せずに、対立的に反抗し合うようになる。身体的に対立的なところが出来ると、精神的にも対立的になる。強情《ごうじょう》を張るようになるので、兄弟関係も交友関係も悪化してしまう。

生理的に左利きを治すには、左半身の凝滞を、揉《も》むなり、灸《きゅう》をすえるなりして治すこと、偏った食事を徐々に改めるようにすること、などを男児の母親に忠告した結果、母親はそれを守り、一〇日後には、男児が右手で食事をするようになり、愉快そうにして癇癪《かんしゃく》を起さなくなった。兼子氏はさらに辛抱《しんぼう》強く改良を続けるように指示して、第一原則の説明が終わっている。

二　心身一如の第一原則　その二

次の事例は、若い女性が病んでいた神経痛を兼子氏から治してもらったものである。

二〇歳になる、一年ほど左のひざ関節が神経痛である女性は、専門の医師に治療を受けていたが、一向によくならないと、付き添いの父共に兼子氏のもとを訪れた。兼子氏は、彼女は一見丈夫そうに見えたが、何か気乗りすると肩に力を入れて話をする癖があることを見抜き、肩に力を入れて話す婦人は、子宮と腰が弱っており、男性的な気質になっているので、それを直さないと神経痛の根本治療にはならないと指摘した。そして、病気というものは、身体の統一調和が破れるから起きるのであり、左足のひざ関節が神経痛であることは、右半身の部分が凝って大きくなっているはずだとして、診察すると、背中ばかりか、足もすべて右の方が左側よりもはるかに大きくなっていることを見出した。この偏りのため、左右引き合って、胃や子宮が固有の能力を失い、左負けして、負けた力の支点が、ちょうどひざ関節になって、そこに神経痛が起きたと示し、胃と子宮を固有な力に戻すことによって、神経痛が治ると診断した。

この女性に、兼子氏が工夫して作った、皮膚に後の残らない人参灸を人体上の対立を解消する箇所にすえ、これを数日間続けると、ひざの神経痛が快癒し、一か月も経たないうちに、鋭い目の表情も和らぎ、対立的になりがちであった心の凝りも融けて行った。

三　心身一如の第一原則　その三

人体の左右の均衡が破れると、人体の上下の均衡、前後の均衡も破れ、一つの病気をすれば、全体の体の組織の上に、いろいろな病気が顕れてくる、という心身一如、バランスの法則を兼子氏は重視している。この原理は、兼子氏が江戸時代末期の儒者・佐藤一斎(一七七二～一八五九)の『言志四録』から学んだものであり、健康な身体は、胸がからっぽで、背中が暖かいこと、お腹が充実していることとする。さらに、前後のバランスでは、背中に経絡の凝実点が出来ると、必ず前部が虚《むな》しくなり弱ってくる。たとえば男子の場合、左背部のどこかが凝ると、前部の右肺部が虚になる。ひどくなって左背部が痛むようになると、発熱したり、咳《せき》が出たり、痰《たん》に血が混じったりする。肺病になったと思って医師にかかって、左の肺が悪いとし、結核菌もないのに肺結核を疑われたりする。

腹が凝実すれば、腰が虚になり、腰が張れば腹が虚になるという関係を知らなければならない。また、胃の後ろに痛い部分があれば、そこが凝結している証拠であり、それに対応する胃の一部が弱っている。内臓諸器官と背中や腰は関連しており、一か所に凝結が起こると、その反対部分が弱まるのである。日本人では、胸と背中の関係、胃と胃背部の関係、都会人だと、腰と腸の関係が壊れている場合が多い。

佐藤一斉は、「顔は冷ややかで、腹が充実している」ことを健康の要点として挙げているが、顔の赤い人は、腸が弱い傾向にある。のぼせ性の人は腸を壊しやすく、風邪に罹りやすい。上下の関係で大切なのは、頭が冷やかで、足の裏が暖かいことである。

神経衰弱で眠れないような人は、足指をもんだり、足裏の急所を押してさすったり、急所の足三里部分をもんだりすると、対立状態が一時融けて、気持ちよく睡眠が出来る。

身体上に対立関係が出来るのは、原因が精神機能の乱れにある。精神活動が調和を得ていなければならない。内部生命が活動している必要があるが、それを妨げているのは、外部の刺激に引っ張られて、一方に偏した観念活動になったり、生命の本質的欲求と異なる欲望に過度に動かされたりするからである。

四　人は皆、禁制の木の実を食べて不幸になり、病気になる

兼子氏の解釈によると、「禁制の木の実」とは、「道の体験において、心に凝執が生じたこと」である。外部世界の変転に刺激された結果、欲望がこれに集注され、全観念がこれにこびりついて、内部的本質生命を失ったことである。そうなれば、身体の正位《せいい》が失われて、肉体に対立関係が生じて、事業をなすにも道を離れて、外部の欲望に左右されるようになる。

内部生命の活動は、宇宙大統の顕現である。宇宙大統の顕現は、神の顕現と言ってよい。神がその真理に人類を生かそうとする愛は自然の玄妙《げんみょう》。玄妙の域に達すれば、苦悩疾病は、神の愛の試練になる。

しかるに、人が内部生命を失って、変態的自己性に生きれば、絶対愛の暗示、召喚《しょうかん》であるはずの苦悩疾病はかえって呪いになって、生活は永遠性から離れ、滅亡の中に終わってしまう。

現代文明の動きは、外的目的の対立的活動を基礎にしているから、いつかは大なる破壊の時にめぐ

り会わなければならない。今や、人類の前には、希望ではなく、滅亡の黄昏《たそがれ》が迫って来ている。

五　十四経脈の話

兼子氏はもともとは灸《きゅう》や鍼《はり》を業としていたのではない。兼子氏(師)は道の人である。精神的には非常な苦痛、肉体的には重い疾患、経済的には赤貧のどん底に、しかも食物のとれない必死の場で、偉大な体験へと飛躍された。自らその体験を広告せず、ただ自分の体験し得た道によって、隠れて人を救っておられる。その体験によって、おのずから心身一如の原則を発見し、その原則を具体的に細かに研究しておられる。そして、昔の漢方医や、灸、鍼に自分が発見した原則と共通点があることを発見されたのである。

○

手から頭に通う三つの経脈(三陽経脈)がある。

内臓から出て手に来ている三つの経脈(三陰経脈)がある。

足から頭に通じる三つの経脈(三陰経脈)がある。

頭から足に通じている三つの経脈(三陽経脈)がある。

以下、どの部分の経脈が凝ると、どの部分に不調が起こるかの詳しい説明がある。要は、それぞれの経脈が互いに関連し合っており、それらのどこかが凝執すると、それに対応する部分が疾患として現れるということになる。

六　兼子式診断法と難病治療の実例

心身一如、物心一体の原則からみれば、人の病気は様々な方法で診断ができる。兼子氏によると、人の下駄《げた》(靴)にも、白髪の出具合にも、顔色にも、音声にも、経脈が顕れると言う。

〇

下駄(靴)の掃き具合によって、病気なり、癖《くせ》なりを知ることが出来る。

女性の下駄(靴)で、右の方がよけいに擦れていると、左足がリュウマチか神経痛か、さもなければ、胃腸や子宮が弱っている。また、そういう人は、勝気な人か、神経衰弱の人か、それともヒステリーの人である。そうすれる。また、そういう人は、勝気な人か、神経衰弱の人か、それともヒステリーの人である。そういう人は、好きなことは正しいと思い、嫌いなことは正しくないと思う癖がある。決して自分の失敗を自分の欠点から起こったとは思わず、他に罪を帰せる。下駄の緒《お》が切れても下駄屋を恨み、包丁で指を切っても、包丁を責めるという風になり、思わしからないことが起きると、その罪はみんな夫の罪だとさえ言い張る奥さんもいる。

足の親指の内側が強い人は、そこから出る経脈に直接関係がある、脾臓や腎臓や膀胱が丈夫である。また、親指の外側が強ければ、子宮、腎臓、胸が強い。

このように、足指一つ一つが内臓と関係があるので、内臓が調和し、みな丈夫であれば、足の指に力がこもり、下駄が前ずれになる。・・・精神的に言えば、後ずれする人は、怠け者か悪い癖のある人で、前ずれのある人は、快活な人、勇敢な人である。

顔色では、急に顔色が蒼《あお》くなる場合は腹痛み。いつも青いのは、心臓か胆の病。顔が赤いのは、腸に熱がある。さもなければ、心臓が弱い。顔が黄色いのは、胃と脾臓が悪い。顔が白いのは、肺病。腹が冷えても白くなる。鼻の悪い人も同じ。顔が黒いのは、腎臓が悪い。膀胱も悪くて黒くなる。

〇

泣くような声を出す人は肺病。鼻にかかった声を出す人は、肺が丈夫でない。水鼻を垂らしたり、鼻が乾いたりする人は、肺病ではないが、胸部が弱っている。始終歌を歌う癖のある人は、腎臓が悪い。肝臓が悪い人は、怒り声を出す。また涙もろい。話をしながら唾《つば》の多く出る人は、腎臓が弱っている。唸り声を出す人も腎臓が悪い。・・・
　肩で息をする人は、肺が弱い。息ぜわしい人は心臓病。・・・

○

・・・元法制局長が中風で人事不詳になった。医者の手ではもうかなわないという状態であった。兼子氏が請われて診ると、左半身がひどく凝実していた。そこで兼子氏が経絡関係をたどって、手でたたくなどを一週間に一回程度続けると、意識感覚が戻ってきて、二か月ほど続けると、起居動作が自由になった。その後丈夫になって、毎日散歩ができるようになった。兼子氏の助言を聞いて、静坐をしたり、修養談を聞いたりしているうちに健康体となり、以来十五年間も再発しなかった。（このほか、医者から見放された難病人二人の快癒の報告がある。）

七　自然科学としての医学の立場の間違い

　兼子氏の病気診断法や治療法は西洋医学とは立場が全く違う。西洋医学では、病気を診断しても、その原因を突き止めることをしない。西洋医学では、人体全体から診断、治療するのではなく、分析的に診断、治療しようとする。たとえば、自然科学者が原子の問題を考察しようとすると、自然科学の立場を超越して、自然の本性を解明するのに、それにふさわしい根源的な原理を持ってくるほかない。原子は終局的には、自然科学で捉えきれない哲学的なものであるから。だが、現代の哲学も心理学も物質と精神の相互作用の問題を放棄してしまっている。

　たとえば伝染病の場合、その原因は病原菌だというが、それに感染しない人がいる。それはその人が抵抗力(免疫力)を持つとされるが、なぜ、どうして、抵抗力が強いのか、弱いのかは分析的に解明できない。西洋医学では治らないケースが多くあるのは、分析的すぎることにある。・・・抵抗力の強いということを、兼子氏は相対的に解さないで、一元的絶対的に解する。西洋医学とは反対に、本質的に失われた全体綜合の不調和を、原理そのものの調和に帰することによって病気を治す。いわば、それは宗教的行為でもある。

八　万病の原因を救う教訓

病気は一切が身体に対立関係が生じるので起こる。身体の対立は精神の対立関係から起こってくる。精神の対立関係は、精神活動を固定させる。固定した精神の凝執が万病のもとである。精神を固定しないために、思想上、実行上、左の根本的な修業が必須である。

○

固定したわがものというものはない。財産も、地位もわがものではなくて神器である。神器は汚すべからず。神器は私すべからず。すべては全人類のために授けられたものである。

概念の中に全身を入れて、概念通りに自分を成らせ、世を導こうというのは、精神の凝執である。主義というものも概念に固執したら、不自然であり、病の根になる。

○

親鸞の「自然法爾《じねんほうに》」の心が、万病の根を絶つ奥義である。

八十八歳の老親鸞のいわく、

「法爾というは如来の御誓いなるがゆえに、しからしむを法爾という。この法爾は御誓いなりける。ゆえに、すべての行者のはからいなきをもちて、このゆえに他力には義なきを義とするべきなり。」

「行者のよからんとも、あしからんともおもわぬを、自然とはもうすぞときてさうろう」

〇

キリストは、万病の根を断つ奥義にいわく、

「神よ、われわが心をなさんとするにあらず、み心のままになしたまえ」

〇

癖を固定させて、病の根を作り出すのは、真理ではなくて、貪瞋痴《どんしんち》のわが心である。

〇

心に不安が起きてくる。それは心に凝執がある証拠。その不安を忘れようとして、外的刺激の力に頼ろうとすると、不安は一時意識の中から消え失せるが、無意識の中に隠れていて、なおさら巧妙な方法で、不安な思いを起こさせるようになる。心の不安は心の修行で打ち砕かないと、根深い塊りになっていく。

〇

欲と外物との対立関係から解き放たれて、大法随順の純粋生活に帰入すれば、精神的にも物質的にも、同様に徹底する。外部多数性の生活形式は消滅して、内部の力強い綜合単一性の生存形式が認識される。渾然円融無碍の活動体すなわちこれ我となる。・・・我はわれに非ず、天地人三才を一貫して流動する力の権限、真理の実態そのものである。

九　健康体の中心は遡《さかのぼ》って宇宙大統の法則である

兼子氏がさまざまな重病患者を治療された実例の幾千の中から、わずか数例をあげたにすぎなかったが、兼子氏の治療された全体の例を綜合して、「健康体は、全身各内臓器官及び、経絡の綜合調和

した状態である」と断言する。

〇

ここに兼子師のノートから引用する。

「呼吸を節して、吸気を下腹丹田にとどめ置き蓄積すると、その限度に応じ、丹田の凝集がかすかに現れてくる。内部生命の本質的活動は、その力に随応して起こってくる。それと同時に、客観的に作用する頭部の機能は、冷却してその活動は減じてくる。

この状態がさらに深まっていくと、呼気と吸気の相対二元作用が止み、肉体的活動力は下腹丹田の凝集点に中心を作り出す。ついに力の究極が丹田にきわまると、まったく肉体的認識は亡くなって、全く新たな認識活動を起こし、絶対の境地を把握する。・・・」

〇

人類の前には、今や大きな問題が提供されている。それは対立的関係になっている人類に、芸術的綜合力を戻すことである。ここには医学が、芸術、宗教と一致してこなければならず、また哲学の世界に芸術、宗教の世界が溶け込んでこなければならない。

一〇　内臓諸器官の不均衡は固定観念作用を操り出す潜在意識をひそめている

人体には、前後、左右、上下の均衡調和がなくてはならないことは説いたが、また、内臓諸器官も綜合調和していなければならない。

〇

どのように頑丈そうに見える体格の持ち主であって、無病息災を誇っていても、見えざる内臓器官の一つに、他との均衡を破るものがあれば、いつか突如として病に斃《たお》れなくてはならなくなる。

たとえば、法外に強い胃袋の持ち主がいて、どんなに食しても、大酒を飲んでも、一向に病にかからず、風邪もひかない人がいる。

しかし一身の綜合支点は胃袋ではない。一身の大極は丹田にある。

胃袋の活動が、丹田における一身の総合力以上に強く活動し続けていると、不自然力が胃経絡を興奮させて、法外な凝実点を作り出す。そのため、いつの間にか胃がんになったり、中風の準備が整ったりする。

〇

また、子宮が特に強く活動している婦人がいる。子宮が強いのは女性を女性らしくさせるのに都合がよいが、強すぎると、他の内臓器官との調和を破ってしまう。

子宮は弱くても対立的になるが、強すぎるときの対立と、弱い時の対立は意味が違っている。弱い時は男性的になるから気が荒くなり、理屈っぽくなり、我《が》が露骨に出て、冷やかな女性になる。一部の感情は極めて鋭くなるが、融通が利かなくなって、あらゆる境遇や刺激に順応する柔軟性がなくなる。何か一つの仕事には熱中するが、その他のことは気を向けるのも嫌になる。働き出すと無性に働くが、いやになると何もしなくなる。義務が嫌になって、自分の癖を発揮することが真理だとさえ思うようになる。

これに反して、子宮が強すぎると、女性的ではあるが、なかなか自分の本領を見せず、一人の男性に妥当な価値を見出すことが出来ず、いつもむら気を隠して、淫乱性を隠し、無法に性的要求が強い。

子宮は督脈《とくみゃく》と直接関係があるので、子宮が弱ると、督脈の終点である鼻が悪くなって、臭覚がなくなる。逆に、子宮が強すぎると、鼻の活動が鋭敏で、男性の臭いに昂奮する。子宮の弱い婦人は、香水のような強い香料で刺激すると、一時子宮の活動を促す。子宮が強すぎる場合には、督脈の起点が凝実して、子宮がんになる傾向がある。

○

内臓のうち、いずれかが特に凝執する場合には、食欲が偏してくる。肝臓に偏すると、酸っぱいものを愉しむようになり、心臓が特に凝執すると苦いものが好きになる。脾臓が強すぎると甘いものが好きになり、肺に凝執すると辛いもの、腎臓が凝執すると塩気が欲しくなる。食べ物の好き嫌いが激しい人は、必ず内臓機能が不均衡となり、精神的には固定した観念作用が激しくなってくる。・・・

一一　日本人と西洋人の身体に表明された東西文明の運命

西洋思想の立場は、対立的関係を作り出している人体の経絡にその原因がある。英米人は大きく、肩が下がって、胸は丸い。腹が大きく、鼻が高い。腰だけは弱い。日本人は比較的小さく、肩が張って胸が平ぺったく、腹が小さく、鼻が低く、腰だけは強い、欧米人とは対照的である。一見、欧米人の方が理想的のように思われるが、そうでもない。

日本人の天賦は、腰すなわち三焦《さんしょう》の強いところにある。三焦と丹田とは、不死の奥義である。経《きょう》(典)にあるように、「臍下丹田の気は、乃ち、人の生命十二経の根本である。三焦はすなわち元気の別使である」。

一体に西洋人は、昔から民族大移住を行って、他民族を征服した土地の上に自分たちの文明を作り出した人種である。彼らは自然と闘い、他人種と戦った歴史を、自分の身体に顕している。彼らは向こう気が荒く、活動のための手足がよく発達している。しかし、彼らは客観的発展、外部との闘争のため全力を尽くしてきたために、内部的本性の確立はおろそかにされてきた。それゆえ、頭部に固定観念が出来、観念の一部的凝執を生じていて、三焦が弱く、丹田に大極が座っていない。それでギリシャ時代から、概念論から、概念論闘争に入り闘争を続け、唯物的弁証法の高塔を作り出し、実利侵略主義を取って、東洋をも侵略しようとするようになる。どのように発展しても、行き詰る時が来る。

○

日本人には隠れた強みが一つ残っている。それは「元気の別使」である三焦の強み、腰の強みである。草を取ったり、カンナで削ったり、櫓《ろ》をこいだりする中《うち》に、古代からの平和の遺産が三焦の強みとなって残っている。日本人のこの勤勉さが恐怖を生み、米国で排斥された理由である。

日本人は昔から、内部主義の確立のために修養してきた。これが表現されるとき、主観客観綜合の美しい花が咲く。聖徳太子によって代表される奈良の文化、鎌倉時代から戦国時代にかけての禅僧・夢窓国師や、謙信、信玄、秀吉、清正、家康、そして、徳川時代における国教の朱子学をひっくり返した中江藤樹らの日本的王陽明学派の人々や国学の人々に、この力が顕れている。

○

三焦の力が残っていて、腰が強い日本人には、将来を導く希望がある。日本人はその本来の姿に帰って、丹田に全身経絡の綜合調和力を維持するようになれば、腹は自然に大きくなり、肩の張りは取れ、頭は明晰になり、気は落ち着き、己の本分を知り、平和の民として、妥当を得た客観的活動に新しい生命を発揮するようになる。

いま(この本が出版された昭和四年当時)日本は、一大試練の煉獄《れんごく》苦の中にいるが、しずかに天命を悟り、落ち着いて苦難の中に神を練り、心を鍛えて、その本質力を呼び起こし、長い忍耐ののちに、人類への光を生むべき秋《とき》にある。

天は、苦難の中に、徹底的な訓練を受けよと、日本に命じておられる。

一二　健康の原則は、哲学の原則、美術、建築、音楽、書道の奥義である

兼子氏(師)の健康道の原則は、未来永遠にわたり、哲学の原則でなくてはならず、また諸芸術及び人道の原則でなくてはならない。

兼子氏はある時、宮本武蔵の達磨《だるま》の絵と寒山《かんざん》の布袋《ほてい》の図と、鳥羽僧正の戯画と、弘法大師、良寛の書を私(三浦)に見せて、「ミケランジェロや、ダヴィンチや西洋現代の絵と比較して、こういう日本の線画や書はまるで違いますが、これは経路の虚実関係から来た根本的な大問題だということが分かりますか」と問いかけてきたが、(三浦氏は)その時は虚を突かれたように答えが出来なかった。

そこで、兼子氏に啓発されて、エジプト、ギリシャの古画、ルネッサンス期の傑作、一八世紀以降の西洋の名画を改めて鑑賞し、また、中国や朝鮮の古い書画を鑑賞し、再び日本の先にあげた書画や宗達《そうたつ》、奈良時代の法隆寺の書画などを鑑賞し、ようやく日本の絵の優秀性が分かるようになった。・・・特に法隆寺の五重塔には、見えざる大黒柱で総合され荘厳されていること、法隆寺の壁画は、インド・グプタ朝の流れを汲んではいるが、中国や朝鮮やギリシャの線とは全く違い、純然たる日本の精神を表わしている。日本の線は、気取らず、和らかで明るく、それでいて永遠流転の力が奏でられていることを認識した。

中江藤樹が「大和とは道《ロゴス》の体認、生物の本、天地の根である。一団の真理実気宇宙に充ちて余りなく、永劫を経て変わるなく、剛柔相い和し、造化を生じ、万象をしからしめ、三才を振し、沖漠絪縕《ちゅうばくいんうん》、融和、純粋である。・・・」と述べているが、空海や良寛の書にはそれが顕れている。・・・布袋《ほてい》は子供をもてあそんだが、良寛は自分も子供と一緒になって遊んだ。子供が好きだったから遊んだのだ。永遠の童心に神を求め、人間らしい悲哀を味わったのである。

西洋音楽は、ベートーベンやワグナーで絶頂に達し、行き詰っている。文学でも、トルストイ、ドストエフスキー、イプセンの戯曲と、絶頂に達している。対立的精神を基礎にしていて、行詰っているからである。対立的精神は、どのように自然を取り入れても、一方に偏して強く出て、一方におい

ては空虚である。人類は行き詰まっており、人類の光となって輝き出る芸術の新しい力が生まれ出なければならない。・・・

一三　腹は外ばかりに張っていても腰のない人間の思想

私(三浦)は、日本人の身体と欧米人の身体を、兼子式に比較して、欧米人は腹が外ばかりに張っていても腰がないと言った。また腰がない腹は本当の腹ではないと言った。本当の腹でない腹には、心身綜合の支持点、すなわち丹田がない。

「勇敢なる真理への信仰、知的能力への信仰は、哲学探求の第一要素である。人はみな自重して、自己の最高価値を敬信しなければならない。人はいかに心意の偉大なる力を高く見るとも見過ぎることはない。宇宙の神秘性は、知識を信じる人間の勇敢な信仰をこばむ力を持たない。宇宙の神秘性はついにその扉を開き、その富を現して、我々を喜ばせなくてはすまないものである」。

これは(ドイツの哲学者)ヘーゲルの有名な言葉である。刺激に富んでいて、嘘ではない。しかしこれは、腹は張っても腰のない思想である。前だけはあって、後ろのない思想である。・・・

知識が真であると断言しうるなら、無知も真であると断言しうる。勇敢な知能力が尊いのなら、勇敢な無知の信仰も尊い。法然上人は愚者は往生疑いなしと言った。・・・

懺悔と無の行とは、知識も観念も根こそぎ捨ててしまって、求哀慚愧《ざんき》の心に砕け入る。それをまことに体験した昔の人は、自らその模範を示してきた。・・・

一四　日本語に現れた平和の天才

自然と人との調和、主観と客観との綜合を基本とするところに絶対的平和境が開ける。

自然と人、主観と客観の調和綜合した民族の本質が、発声器官を通って、平和な日本の国語となった。ドイツ語も英語も音調が高い。しかし日本語の音は平明である。国語の芸術的本質が無視されるところに、日本の平和と力のまことの生長はあり得ない。・・・

○

欧米諸国語の音調《トーン》が強いのは、ギリシャ・ラテン語古語から転化したためである。古代ギリシャ文明が城砦《じょうさい》の中に育って、市都と市都、国家と国家と対立していた頃の言葉は、おのずから闘争的に音調が強かった。母音でも子音でも、欧米の国語は日本の国語より強く、威嚇《いかく》的に響く。

日本の母音オは単にオであるが、英語のオすなわちOは、口の中を洞穴のように大きくして唸る。そのような音を出すと、自然に拳を握って振り上げたり、槍や刀をふりかざすような身振り、素振り、腕振りをして、そこに雄弁術というものが成り立つ。しかし日本語の音は雄弁術にふさわしくない。日本語は平和で明るく、あるいはさび、あるいは朗らかさを帯びて出てくるところに真の味わいがある。静かに透き通る言葉のいいぶりが日本語の特徴である。破格な大声で話をする日本人は神が抜けていると言われる。・・・日本語には、三味線の明るさ軽さが適している。

日本語は強く響かないからとはいっても、腹から出るときには、ナイヤガラの瀑布《ばくふ》の轟きも聞こえなくなるほどである。

○

だから諸君、静かな言葉を語ろうではありませんか。しかし私たちは、天地が渦を巻き出るほどの音を出し得る腹認の人になりましょう。・・・

一五　大法の顕現（国家の中軸）

・・・

人間の身体には共存共栄という、細胞の機能以上のものがある。呼吸の奥義に入らなければそれが分からない。・・・兼子氏（師）は自らの体験によってこう言っている。

「呼気を節して、吸気を下腹丹田に達するようにし、これを繰り返して次第に蓄積する修業をつめば、自然に肉体を意識しない状態に達する。この境地に進むと、持続的な一元的呼吸作用が無意識的に行われ、いわゆる生理的呼吸作用ではない、生存可能な事実が顕われる。絶対境に入ったこの時には、内部主我が、外部生存の事実を離れて、純粋に一元呼吸の作用に生かされる。・・・」

人が急に驚いたり恐れたりすると、内部主我が忘却されるので、一元呼吸とは逆の二元呼吸が激しくなり、同時に外部生命が転倒する。そうなると純粋な観念も純粋な行為もできなくなり、ただ盲動的になる。嬰児《えいじ》は外部に対する観念の盲動がないから、吸気は深く丹田に達しているが、齢を取って外部に向かって観念が盲動してくると、呼吸は浅くなり、内部主我の認識が消えて行く。しかし大人でも安眠中は覚醒時よりも息が深く、観念の盲動が発散している。本質的生存がある程度まで下腹丹田に復帰している。

古来、東洋思想は、この事実を把握して、その徹底境に、心身一如、即身成仏の体験、すなわち、人としての最高生存価値を実現してきた。東洋の哲学、宗教、医学、芸術はこれを立場にしたものであった。・・・

西洋の立場は進みやすい。進みやすいから発展もした。しかし哲学が絶対的立場に反抗して進んでいるように、民衆の一般生活もまた、絶対に反して進んでいく。その発展には必ず行き詰まりが来る。・・・

○

日本の大衆は今や、その文明、思想、社会精神において、アメリカ主義やマルクス主義の外国に頭を下げている。中小の夢物語に頭が吊り上げられ、腹は空っぽになっている。文明と社会生活から大黒柱がなくなり、・・・大道亡びて、妖魔《ようま》の深淵が足元に広がっている。

現代文明の爛熟時代には、滔々と燃える道の聖勇が現われてくるに相違ない。光は再び、東から輝き出なければならない。

一六　健康の原則は思想問題にも実際生活にも徹底する

人間には、絶対に通じる内部生命と、環境に所を得ようとする外部生活と、内外二方面の自我活動性がある。古神道では、前者を（荒魂《あらみたま》、和魂《にぎみたま》、幸魂《さちみたま》、奇魂《くしみたま》をコントロールする）「直霊《なほひ》」と言い、後者を「八十直霊《やそなほひ》」と言う。外部的生活の我は多数性を備え、外部刺激に引きつけられて、直霊の統一を失うと、分裂して禍魂《まがつたま》になると、古神道では言う。・・・

○

外部生活が内部生活と絶縁して統一的純粋活動を失うと、自我の多数性が分裂して、盲動的に活動するようになる。外部の刺激が強ければ強いほど、外部生存欲も強くなり、その盲動ははなはだしくなる。・・・

八十直霊が分裂して禍魂の状態なると、頭部に固定観念の活動が起こって癖となり、それが全身十四経脈に感応して、身体は、虚実の対立を作り出す。それがひどくなると病気になる。身体に対立が生じると、もう純粋観念活動はできなくなる。純粋感情も、純粋意志も活動しなくなる。そうなれば、盲動、錯覚の貪瞋痴《どんしんち》に囚われる。

兼子氏（師）は、顔色や、呼吸状態や、表情や、全身経脈の虚実を診て、その病気を診断し、かつ治療する。病気が治れば、固定観念も、盲動錯覚も消え去ると言うのが兼子氏（師）の知見である。

・・・フロイド他新しい心理学が起こっている。そこで取り上げられるヒステリーなど難病は、心身一如の原則に立つ兼子氏(師)の療法によって治ってしまうのである。・・・

一七　人体は平和の表象

木の葉一枚には、巨砲数発を一時に打ち出したエネルギー以上の力があると生物生理学者が言っている。その力が調和しているから、一片の木の葉には黙示の平和がある。もしその平和が破れたなら、木立という木立、森という森は、殷々轟々《いんいんごうごう》と無限の大音響を発して、人類の生存は不可能となるであろう。ましてや、天地の調和が破れたら、空は暗く、星は狂い、地球はある星と衝突して火になって消滅するであろう。

○

調和はまた音楽的である。

大空に散らばった日月星辰《じつげつせいしん》は一定不変の調和を奏でて運行している。昔ピタゴラスは、天体が不断の音楽を奏でて運行していると言った。

宇宙の音楽は、朝な夕なにわれらと共に在る。労働に疲れてぐっすり熟睡しても、宇宙の大音楽は、われらの血管を流れる無数の血球、われらの全身をつくりなす無限の細胞と、符《ふ》を合わせて弾奏されている。

ひとたび、われらの血汐や細胞が大宇宙の音楽を受け入れなくなったならば、夕べも安らかに床に就くことが出来ず、朝も喜んで起きることが出来なくなり、全身の経絡には対立争闘が起き、頭は実し、腹は虚し、上下、左右、前後の均整は破れ、憂いと苦しみと熱とが、われらの心身を捉える。これ実に大宇宙の調和に反した状態である。

○

調和したものは美しい。・・・美しいものは調和している。調和したものには平和である。だから、まことに美は平和の相を保つ。

それで、雪舟の雄大な力の線よりも、乾山の平和な線は、さらにまことの美を現しているといわなければならない。

ベートーベンのうちひしぐようなシンフォニーよりも、チャイコフスキーの和らかさに、さらにまことがあるといはなければならない。・・・

また、黄檗山《おうばくざん》の怒鳴ったり、ぶったりする禅よりも、道元禅師の平和な禅にまことの美しさがあるといわなければならない。

人体もまたその通りである。

いかめしい炯々《けいけい》たる眼光、強く引っ張った表情、威圧するような声、法外に肥満した肉体、・・・すべて強そうに見える外形には、まことの力も調和しないと言えよう。・・・

○

人体においても、誇張は病的である。腕や脚のみ法外に力があったからとて、それは芸術における誇張的な美のようなもので、けっしてまことの調和美とは言われない。胃や子宮ばかり特に強いのもその通り。丈《たけ》があまりに高すぎても、体重があまりに重すぎてもそうである。しかるに今日の運動は、肉体の大と、技量の優越を目的として、人体の調和均衡を破っている。・・・

○

身体のことばかりではない。

現代青年は、偉くなることが目的である。人の上に立つこと、有名になることが目的である。人の上に立つことが出来ず、有名にならなければ、奴隷の心持を隠して、対立的階級闘争的傾向になる。

人の上に立とうと思うことも、有名になろうと思うことも、心の凝執した証拠であり、対立的階級闘争的になるのも、心の凝執した証拠である。こういう心の持ち主は、必ずその精神機能に対立的立場を作っているから、肉体的にも関捩子《かんれいす》がなくなって、虚実の対立を作り出す。・・・

○

・・・良寛の書は清くて勁《つよ》く、平和である。清勁平和の境地は、奇道ではなくて、王道である。一切の凝執なき、円融無碍《えんゆうむげ》の境地である。対立的一切のものを振るい落として、根源に侵入した趣である。・・・良寛の静けさを湛《たた》えた深さは、心から心に流れて、純一無垢の徹底境を偲ばせる。・・・

良寛の書は気取っていない。しかしそのため彼は、気に任せて、なぐり書きしたのではない。筆をとるにも、良寛にはなかなかの用意があった。・・・幾本も筆が揃《そろ》えられていた。・・・

気どらないことを、出鱈目《でたらめ》や無頓着《むとんちゃく》と、よく区別しなければならない。

一八　体育の革正は徳育の根本問題である

私(三浦)は、兼子氏(師)の提唱を証拠づける具体的材料を、沼津の稲玉信悟氏に得た。稲玉さんは篤信篤実な人であるから、患者の数もすこぶる多い。特に沼津は海浜であるから、結核患者が保養のためにやってくるという具合で、稲玉院長に頼る患者数も多い。

その多い結核患者を、稲玉院長はレントゲン写真をとって、体育と健康との関係を研究しておられる。すでにまとまった報告書も出ているが、それによると、若くして結核患者となった人は、競技、競争の選手に一番多いということである。その原因は、

一、競技競争が、対立的精神作用を起こすからである。

二、競技競争が、内部器官の不均整な発達を引き起こすからである。

・・・

〇

稲玉院長の説明によると、いわゆる運動家、特に競技競争の選手は、心臓が自然を破って過度に膨張《ぼうちょう》し、心臓固有の機能に故障を生じるということである。

レントゲン写真で見ると、拳《こぶし》を二つ合わせたくらいの自然大の心臓が、そのおよそ三倍に肥大している。そのように肥大すると、発熱したとき、それ以上膨張できなくなって、心臓まひで倒れる。心臓まひで倒れなくとも、心臓が自然な固有の能力を失うと、肺が悪くなるとのことである。このようにして、運動選手が立派な外見の体格を持ちながら、肺結核で倒れる。・・・

〇

人間の身体は、手や足を法外に働かせて、競技、競争に勝つようにはできていない。手や足を働かせたら、また、生産的にもなり、知力を啓発し徳も養うようにならなければならない。人間は綜合的にできている。

しかるに西洋輸入の運動は、第一に目的が勝つことにあるので、外的な目的に観念が集注する。するとの頭に固定点が出来、ために我癖が出来、全身の経絡が頭部に引きづり上げられるので、上体が実して、下腹部が虚になる。つまり、そういう運動は、精神的綜合調和を実現できなくする運動であり、精神的不均衡と共に、肉体もまた、不均衡になる。・・・

〇

女子の体育が、本質的に正しいと言えない証拠には、何よりもこの頃の女学生の肩が上がってきたことでよく解る。肩が上がってきたと同時に、男子のように胸郭が広くなってきた。それで乳房が小さくなり、子宮の機能が自然の能力を減退することになる。肩が張れば上体が実して、下腹部が虚になるから、怒りやすくなり、気短くなって、思慮分別を誤るようになる。こうなった女子は、対立的我癖を持っており、不平が多く、理屈が多くなる。・・・朝鮮の女学生の方がずっと理想的である。・・・

一九　人間は神の子かアミーバの子孫か

或る医学博士の紹介で、ある日、女学校の動植物の教師A君と、倫理の教師B君が兼子氏を訪ねてきて問答を交わした。

それは、B氏の生徒の「先生。歴史の先生は、私共は伊邪那岐命《いざなぎのみこと》、伊邪那美命《いざなみのみこと》の子孫であると言い、動植物の先生は、アミーバの子孫であると言う。どちらが本当ですか」という質問をされて、本当に困った。どう答えてよいかというものであった。

すると兼子氏の指摘で、進化といっても生物学的に退化もあり、文化的にも古代の方が優れたものがあって、進化が絶対的な概念ではなく相対的概念であることが明かされた。進化論に関連するプラグマティズムでは、ドイツの理想主義が言う純粋思想があるわけがないとし、実際的要求が進化を引き起こすと言い、実際的な結果が真理であるという立場に立つ。一方ドイツ観念論は、実際的要求では哲学にはならない、真理とは純粋経験を倫理的要求によって構成されうるものであるとする。現在のドイツ哲学は実践道徳的なものではなく、認識目的のものである。認識的なものであれ、実際的なものであれ、要求の相違によって成り立つ原理を基にしており、いずれも相対的であることをまぬかれない。相対主義は、反絶対的であり、対立的に進もうとする限り、行き詰ってくる。物理化学は原子論で行き詰まり、哲学は認識論で行き詰まる。

一方、伊邪那岐命《いざなぎのみこと》、伊邪那美命《いざなみのみこと》は天御中主《あまのみなかぬし》の神の子孫で、天御中主の神は、主客不二、物心一如、顕幽一体、万有の内外総合性の原理そのものである。我々はその神の子孫ということになる。これに

対しアメーバーは分裂的に数を増やしていき、外部に発展していく存在である。・・・

二〇　飛びぬけて打ち出す力の確実さ

ドイツに新理想主義の哲学を研究してきた或る哲学者が、この哲学は、自然界を無視し、世界を無視し、感覚を無視し、直観を無視した抽象論に過ぎないと考え、思い切って思索生活から実際活動の世界に一変したいと悩んでいるがどうしたものかと兼子氏(師)に相談した。

すると兼子氏は、「実際世界に飛び出していって仕事が出来れば、その方が気が利いているかもしれません。しかし私の言う意味での超越原則が無くては、実際界に入っても成功はできませんよ」と警告した。

そして実際世界で成功した大倉喜八郎(一八三七～一九二八)の実例を話した。たとえば、安政飢饉のとき、幕府からの施し米を受け取る代わりに、上野の自分の店である乾物店の品物を大衆に開放したり、鉄砲店をしていた幕末に、東北の勤皇党である津軽藩の船に保険料も取らず、身代を売り払って、注文通りの小銃と弾丸を整え、ドイツの帆前船一艘を雇って、津軽藩に送り届けた。このように、身を投げてかかったところに、後の大成功の鍵があったことを、兼子氏はその哲学者に話した。・・・

西洋哲学では、認識だとか実在とか述べているが、身を棄てて浮かぶということを解いてはおらず、わが身を忘れて、わが身を全うすることは東洋的であること、わが身を忘れた刹那に、絶対性の旋律のままに、認識が起こってきて、常識、実利、論理以上の妥当性をつかむ、と説く。・・・進退窮《きわ》まった悶絶《もんぜつ》の中に心身を投げ出し、一切に超越して、無の状態に入った時刹那に、神の顕現、絶対の旋律にまことの我を見出し、道はどこにでもあることを知りましたから、認識論の講義に雇われる必要もなく、ただこうしているだけで、大学教授以上の豊かさに生かされるのです。・・・私は「この超越的原則を見よ」と言い得ます。

二一　左手左足の萎えた一婦人の複雑な病を治した実例

或る富豪の、足が不自由な三〇歳の最高学府を出た才女で、英語やフランス語を自由に語り、外国文学書を愛好する夫人の診察と治療を依頼されて、兼子氏(師)は夫人の自宅にうかがった。すると応接間で長い時間待たせた後でその夫人が足を引きずりながら現れた。冷たい表情をした顔を見ると四〇歳以上の印象を受けた。挨拶らしい挨拶もしない。

「主人も私も病気です」とやっと夫人は述べる。「どこがお悪いのですか」と兼子氏がたずねると、「神経症だそうです。どうしても治りません。医者なんて、なんと頼りにならないものでしょう」という夫人は顔を斜めに吊り上げるような痙攣《けいれん》を起こした。・・・兼子氏が診断すると、左足左手がなえて、左手の中指、薬指、小指の三本は、棒のように伸びたまま動かない。右半身の方が左半身よりもはるかに大きかった。胃嚢が張り上がって、肋骨が前方に突き出ていた。上半身に肉がありすぎるほど多くて、腰はおれるように細かった。そこで、兼子氏は、「内臓がみんな狂って、脳髄の機能も間違っています。肝臓、腎臓、脾臓、肺臓、腸をまとっている経脈が、凝実して腫れ、胆嚢《たんのう》、膀胱《ぼうこう》をまとっている経脈が虚になって、左右半身が支配階級とプロレタリアートのように対立闘争をしています。あなたの身体は、ミルトンの失楽園のように、内臓器官が修羅場《しゅらば》のようになっています。楽園を取り戻さなくては、この病気は治りません」と述べた。

この言葉は、夫人の高慢な態度の上に、天来的な鉄槌《てっつい》を与えた。夫人は兼子氏を無学な行者くらいに考えていたが、ミルトンの失楽園という言葉を聞いて、いかにも意外らしく、興味と興奮を見せ、「そうですか。どうしたら楽園を取り戻すことが出来ましょうか？」とたずねてきた。

すると、思いがけない言葉が兼子氏の口からほとばしり出た。

「ミルトンの失楽園と楽園回復には何が書いてありますか。あれは医学詩ですよ。楽園を失ったのは、アダムとイブが禁制の木の実を食べたからでしょう。楽園の回復は、イエスが荒野の誘惑に打ち勝ったことを描いたのでしょう。あなたの病は失楽園の病気です。失われた楽園を取り戻すには、イエスの荒野の修行をしなければなりません。私はミルトン以上の奥義を持っています」。

すると、夫人の顔はまた痙攣《けいれん》が起きたが、いつの間にか頰《ほお》に血の気がさしてきた。

「治りましょうか、何日したら治りましょうか」と夫人は信頼の情をほのかに見せて、態度がやさしくなった。

「あなたの左手の指は三本動かないでしょう」。

「はあ、動きません」。

「今日はそれだけ動けるようにいたしましょう。なぜ、その三本の指が動かないかお分かりですか」。

「分かりません」。

「あなたが、その三本で禁制の木の実を取って食べたからです。謎のようなことを言いますが、驚くべき真実です。人は真理の前には、指も手足も切って捨てなければなりません。汝の眼もし罪を犯さば、えぐり出せ。汝の手もし罪を犯さば切り捨てよと、キリストは言っています。もしあなたが楽園を回復することが出来なければ、キリスト、イエスの宣言のように、左手の指三本を切ってのけなければなりません。その指三本を切り捨てたら、あなたの左手右足は利くようになります。どうです。指三本を切って捨てますか」。

夫人は青ざめて、かすかに戦慄《せんりつ》した。兼子さんは急に笑い出して、

「いや、私はサタンじゃあない。私は天使ガブリエルの奥義を知っています。あなたの脳髄と体は黙示録の始めに出てくる禍《わざわい》の四騎士のようなものに荒らされていますが、世の初めより殺されたも

うた神の子羊が、あなたを救ってくださいます。私がその権能を与えられています」と述べた。

「・・・」夫人はあきれ返ったような表情をした。

「その三本の指の謎はこうです。左の小指が動かないのは、腸、みぞうち、胸から、腋を通り、腕を通って、右手の小指の端に出ている少陰系という経脈が凝って、右手の方に気が走りすぎているため、左腕が萎《な》え、その結果左指の小指が活動不能になっているのです。左の中指が動かないのは、胸の中心を起点として、右手の中指に通っている手の厥陰《けついん》系という経脈が凝ったため、左半身と左手が虚《から》っぽになり、その結果左中指が活動不能になったのです。左の薬指が動かないのは、右手の薬指から起こって、胸や心臓に通じている経脈が凝ったため、左半身が虚《から》っぽになり、その結果、左薬指が活動不能になったのです。だからあなたの体は、右の方に気が走りすぎて、左半身が虚《から》っぽになり、内臓諸器官も右の方が張りすぎて、左の方が力負けして弱っています。そして、凝実した三経脈は頭に集まって、そこに、楽園の木の実を食べよという観念と欲望の凝り固まりをひそめています。あなたは、自分で肯定した観念に執着する本能が強すぎます。イブが楽園の木の実を食べてみたいと思ったら、矢も楯《たて》もたまらなくなって、禁制を犯したように、あなたは自分で観念したことは、理が非でもやらなければすまない癖を持っておいでです。それが罪悪というものです。時々あなたは、自分で気づいてやめようと思われても、思ったくらいのことではどうにもならない程、体の偏差が、あなたを偏って意欲させるのです。つまり理屈ではいけないと知りつつも、本能的、生理的にはやらずにおられないような凝実をつくりだしておいでです」。

「まあ、こわい、私本当に凝り性ですから」。

「私の言うことが真理である証拠に、今日は指三本が動けるようにしてあげましょう」

こう言って兼子さんは、夫人の右半身に偏った凝実を指先で押してやわらげ、今度は霊能を掌《て》に発揮して、頭頂にあてた。夫人はうつらうつら、いい気持ちで十分間ばかりまどろんだ。手を放して、

「さあ、左指を一本ずつ曲げてごらんなさい」と言った。夫人は立派に指を五本とも曲げ、自由に動かして、不思議がって喜ぶその眼には涙が浮かんでいた。

○

翌日から、兼子さんは毎日夫人を訪ねることになり、右半身の経絡の凝実を指で押さえたり、揉んだり、打ったりした。夫人は気持ちが良いと言って喜んでいた。日に日に体の具合がよくなって、七日目頃には萎えていた左手左足が自由に動けるようになった。

それに先立って夫人の主人も治療を受けることになった。主人は三九歳で、血圧の昂進《こうしん》ははなはだしく二百を数え、腸もすっかり悪くして腰が大変に病んでいた。・・・

血圧の高い男子は、左半身の経絡が凝実して、右半身が負けている。左利き手の男子と同じような具合である。こういう人も、固定観念にひきずられる癖が強いから、一見天才的に見えるところはあるが、自分の固定観念に一致しない思想には、徹頭徹尾反対で、決してこれを受け入れない。

兼子さんは主人に灸をすえてあげたところ、日一日と血圧が低くなり、二週間の後には自然状態になった。

主人も夫人も、ひとまず健康になったが、頭部の固定を溶かさないと、またいつか再発するかので、兼子さんは、「愛」と「無」の行をやっていくように説いて聞かせた。愛と無の行に関する言葉は次のようである。

○

一、財にこだわる心は病気のもと。同じく、思想的にこだわる心も病気のもと。

こだわった心を打ち砕いて捨ててしまうこと。すべてを棄てる人は、すべてを得る。無になることが、大愛の顕現。大愛の顕現は、神の顕現。神にはこだわりがないから、病もない。

一、無と共に起き、無と共に寝ること。無をもって人に対し、事に処し、物を見、音を聞くこと。

真の認識と観照は無の人のもの。

一、一切の固執は、巧妙な合理的仮面をつけて現れる。合理的弁明が多い人は、狡猾《こうかつ》な観念を持っている。一切の疑念は誘惑である。誘惑が強ければ強いほど、合理的に巧妙な術をもって現れる。しかしその合理は、いつも一面が誇張され、一面に虚空がある。

一、「養生の要は、先ず形を練ることから。形を練るの妙は、心を凝らすにある。心凝れば気集まる。気集まれば、丹成る。丹成れば形固まる。形固まれば、神全《かみまつた》し」。心を凝らすとは、一心を臍下丹田《せいかたんでん》に放下すること。丹成るとは、臍下丹田に力が籠《こも》ること。形固まるとは、自然の体系に復すること。

一、ミルトンは楽園回復の詩編を書いているが、素問《そもん》にある神全《かみまつた》しの意味をつかんではいない。身体は心の表象である。天地人三才は玄の表象《シンボル》である。

一、面白いから溺れるというのは、心身の不安を回復しようとする一時的な衝動の要求である。心身の矛盾が多ければ多いほど、面白いから溺れるという傾向が深まる。そういう傾向からは滅亡しか現れない。

一、面白くないところに天が潜んでいる。草むらという草むらには天が燃え立っていると歌った詩人がいる。草むらばかりではない。永遠の宝である黄金の盃を探そうと思って、一生涯広い世界を訪ね歩いた王子は、ついに乞食の椀《わん》で水を飲んだとき、これこそ一生涯求めてきた黄金の盃であることを悟った。どこに永遠の女性を訪ね廻っても、一人としているものではない。自分と争っていた妻こそ、永遠の妻であったのである。どこに理想の夫を求めても、一人として有るものではない。自分の憎んでいた夫こそ、理想の夫であったのである。

一、ミケランジェロは、「芸術は神の模倣である」と言った。模倣は、客観的な標準を置く。客観的標準は、人間を、中心なく、丹田なきものとしてしまう。心は破れ偏り、体は偏執して病み倒れる。

一、芸術は神性実現である。神性実現は自己否定に始まる。法隆寺の壁画は、作家が分からないという。自己否定によって現れた神性の実現だったからである。

一、私有財産の固定する所、略奪の行われるところには、神性は実現しない。

一、神に叛《そむ》く心は、貪《むさぼり》、瞋《いかり》、痴《まよい》の心である。真理に叛き、健康を破る者には、貪、瞋、痴の心が潜んでいる。貪、瞋、痴を根こそぎ捨ててしまった人は、神に一切を任せる。「御心の天になる如く、地にもなさしめたまえ」と祈る。他力《たりき》の妙法に摂取される。

一、肉体も、思想も、感情も、意志も、神の借りものだと思う心にならなくては、一切を神のみ心のままに任せることはできない。

一、苦悩のあるところには、肉体が分裂して行く。肉体が分裂すると同時に、精神も分裂して行く。分裂するものには中心がない。

そのために、下腹部丹田に一身の綜合支持力がなくなる。

丹田が虚し、関捩子《かんれいす》が抜ける。日月を支える柱杖子《しゅじょうす》が抜ける。大黒柱が抜ける。大黒柱が抜けると、出雲の大社も、法隆寺の五重塔も倒れてしまう。

一、苦悩は分裂から、綜合体験へ、すなわち、救いへと引き戻そうと神の大愛の暗示である。悲しみと苦しみと不安の夕べを、神に在って救われなさい。

一、どのような不安、苦悩があるからといって、他人の指導では救われない。救いは絶対である。絶対は相対を超越する。絶対の体験は無の境地である。無の境地で神と一つになる。

一、呼吸には欲がない。

無意識的に人が得られるものは空気だけである。無をもって呼吸する。

呼吸の徹底境は神に生きる徹底境である。呼吸を徹底させるために、白隠禅師のとなえていた、普門品抄《ふもんぼんしょう》を唱えること。一呼吸ごとに十回、二十回、三十回を重ね得るようになれば、無の境地に入って、臍下丹田に一身の気が集まり、一切を超えて、一切に臨む神境が開けるようになる。白隠禅師の普門品抄はこうである。

「観世音　南無佛　興佛有因　興佛有縁　佛法僧縁　常楽我浄　朝念観世音　暮念観世音　念々重心起　念々不離心」

普門品抄を唱えるときは正座して、両手は下腹部に置き、眼は半開して、四十五度の角度で前方を見つめる。

一、(江戸時代の儒者)佐藤一斎がこう述べている。

「深夜闇室に独座し、群動皆息《やすみ》し、形影ともに泯《ほろぼ》す。ここに於いて反観す。ただ覚ゆ方寸内、烱然《けいぜん》と自ら照らす者あり。恰《あたか》も一点の燈火、闇室を照破するがごとし。認知す、これ正に我が神光霊照の本体。生命すなわちこのもの。道徳すなわちこのもの、中和位育に至るも、またただこれこの光輝、宇宙に充塞するところ」。

この境地に至れば、病はない。「聖人は強健なること無病人の如し」と一斎先生は言っている。

一、善とは何か。悪とは何か。一斎先生はこう言っている。

「天を以て感じる者は、慮《は》からずして知者であり、天を以て動く者は学ばずして能くす」。

この心で生きよう。

一、「月に釣り、雲に耕《たがや》す」と道元禅師が言っている。この心境がわかれば、外物に引きずられることがない。外物に引きずられれば、天然は破れて、悪しかなし得なくなる。

一、「眼睛鼻孔端直であるべし。頂は晴天に対し、耳は肩に対す」とは道元禅師のいましめである。

一、「世の様を見て、感奮した時よりも、静かな夕べ、しみじみした心には、もっと真実な力がこもる」。

○

夫婦が全快してしばらく日時が経った後、ある日、夫人が兼子さんを訪ねてきて、夫人の見た夢について相談した。

彼女によると、昨日、殺人犯と文書偽造の罪で拘束されるいやな夢を見た。夢の中で、言い逃れのない罪だとして、愕然と驚いた。もし終身刑にでもなったら、山ほどある責任のかかった仕事をどうしようか、とか、出獄する日が来たら、余生をどう生きたらよいかなど、心配でほとんど発狂するばかりに苦しんだ後で、じっと気を静めて、獄を出たら、超人のような強い身体になって、無所得無住となって、あちらこちらで道を説こう、長い獄中生活の中で心身を鍛錬しておこう、観無量寿経にある韋提希夫人《いだいけぶじん》のようになれる道があるなどと案じていたら目が覚めた。

目が覚めても、変な夢であったと、寂しく動悸打つ心臓を静めて案じていると、自分は文章を偽造したこともないし、いわんや殺人をしたこともあるはずがない。でも、これまで自分が生活し行ってきたこと、考えてきたことがすべて文書偽造、殺人犯のようなものであったかもしれないと、思われて、相談に参ったとのこと。

兼子さんはこれに答えて、「(それは)無明の闇が破れてきたからです。聡明の心がさめてきたからです。殺人犯と文書偽造のようであった半生の非を、あなたの無意識の生命が、払いのけようとしているのです。いい夢ですから安心しなさい。神にならではおけない生命の芽生えですから」と述べた。

その日は、夫人は一時間ほど静坐して、普門品をとなえると、いくらか気持ちが晴れてきたと言って別れた。

○

その後、夫人が身体の具合が悪くなり、呼ばれていって見ると、左の足がつったために横になっていた。それを兼子氏が揉んで治してあげると、再び、夢の問題で悩んでいるという。初恋の日の男性を大変に苦しめ、精神的な殺害をしてしまったのではないか、夫との間に解けない葛藤があり、そのために夫に対して精神的に殺しているのではないか、という思いが夢をきっかけに湧いてきたと言う。これに対して兼子氏は、「すべてに打ち勝ってください。潜在意識の罪が現れているのです」と述べ、「何にもこびない幼児のような心になってしまえば、すべての潜在意識の罪に打ち勝つことが出来ます。・・・潜在意識は隠れているときは鬼のようなものですが、・・・顕れてくれれば弱くなって、それに打ち勝てるようになります。いやな思いを出したら、それだけ自分の無意識の中から、悪が逃げていくものと思ってください」と述べて、夫人の下《もと》を辞した。

○

その後、夫人は潜在意識の純化に努力したり、あるいは顔面神経痛が再発し、兼子氏に直してもらったり、様々な経過を経て、以下のように本来のいのちの姿に立ち返っていった。

○

心と生活を純にしようとする夫人の努力は毎日続けられた。その間に彼女は古い過失を思い出しては苦しみを重ねていたが、いつの間にか主人との夫婦関係も、一家の経済生活も、すっかり変わっていた。夫婦は富豪根性の生活から真理追求の求道者になっていた。一家の経済は三割近くも少なくなって、古い友人たちを経済的に助けるようになっていた。

内心の底深くこびりついていた潜在意識は、その内に、さまざまな禍根の航跡が変じて、八十直霊《やそなおひ》に変わったようになって、夫人は兼子氏の治療を受けなくても、腕の痛みも、顔面のつりもなくなってしまった。

荒野の試練のような三年間がたち去ると、夫妻は自分たちの生活に生きた神の顕現を見るようになった。・・・・

二二　宮本武蔵は外国に例のない新しい一大教育家

私（三浦）は先に、西洋輸入の体育が、経絡の虚実を作り出して、対立的本能をそそり、人間を精神的にも、肉体的にも誤らせていると言った。

また、そういう間違った肉体から、抽象的存在としての実在問題を考察する現代西洋哲学が生まれ、反絶対主義を取って、認識の問題にも、体験の問題にも行き詰っていると言った。

哲学におけると同じように、自然科学の立場も、人と自然との対立関係で進むものであって、原子論においてすでにその針路は行き詰まっていると言った。

人類はこうして、行き詰っている。しかし永久に行き詰らない本質の動きは、法隆寺の五重塔や、同じく金堂の壁画や、空海、鳥羽僧正、恵心僧都《えしんそうづ》、乾山《けんざん》、宗達《そうたつ》、宮本武蔵等の絵に現れ、また空海や、小野道風や、良寛の書に現れていると言った。

その本質については今まで述べてきた。ここではさらに、その本質について、もっと細かく考察してみたい。そこでまず、宮本武蔵の例を挙げてみよう。

・・・宮本武蔵はこれまで講談本で扱われてきたが、ここでは真面目な研究対象として取り上げよう。・・・彼の価値は彼の書いた『五輪の書』に現れている。

たとえば、「兵法の理に任せて諸芸能の道を学べば、万事において我に師匠なし」にもうかがえる。まことに深遠な認識と体験の人である。講談本から抜け出て、日本精神の一大指導者、教育家として研究されるべき人物である。

○

・・・（前出の）沼津の稲玉医師によると、運動をしている学生で死亡率の高いのは、ベースボールとかボートなどの西洋由来の運動競技をしている学生であるが、逆に、体育の中で一番病気にならないのは剣道と柔道を行っている学生であるという。なぜかというと、これらの運動は、身体に経絡の虚実を作らないからである。剣道が対立的精神を作らないことを宮本武蔵が兵法の奥義を記した『五輪の書』に見てみよう。この書にこう書かれている。

「心の持ちようは、平常心を保つことにある。日常時でも兵法の時でも、少しも変わることなく、心を広く、素直にして、過度な緊張をすることなく、また、すこしもたるまず、心が偏《かたよ》らないように保ち、心を中心に置き、心を静かにゆるがせて、そのゆるぎの刹那をゆるぎやまないように、よくよく吟味すること。

静かな時も、心は静かではなく、急ぐようなときも、心は少しもせかず、心は体に執着せず、体は心に執着しない。心に用心するが、身は用心しない。心が足りないことがなく、心を少しもあやまることなく、末の心は弱くても、底の心を強く保つ。心を察知されないように用心し、小身である者は、大きなことを残らず知り、大きな者は、心に小さなことをよく知り、大身も小身も心を正しく保ち、わが身の贔《ひい》負《き》をしないように、心を保つことが肝要である。

〇

この『五輪の書』の一句は、兵法の奥義のみでなく、諸芸諸能の道をたどるときの奥の心である。第一、宮本武蔵は、「きつく引っ張らず、少しもたるまず、心の偏らないようにせよ」と言っている。

対立的に固定観念作用が起これば、きつく引っぱったり、心が偏ったりする。たるむとは、客観的対象に打ち負けた心持である。そのような心持では、純粋持続が出来ない。つまり、宇宙大法の旋律のままに自己の内部生命が躍動しない。

宮本武蔵が剣道の達人でありながら、和らかな円融無碍の線で絵が描けたのは、全く剣道そのまま奥義を絵にしたものである。ここまでくれば、絵を描くことも、刀鍛冶《かたなかじ》をするのも同じことであると武蔵は述べている。

その奥義には、力はこもっていながら、和らかにして、自然の勢いをよくとらえている。通力をこめて虚心の裡《うち》になされる仕事がそれである。書を書くのもそれで、力は入っていても、筆をきつく抑えたり、引っ張ったりしていない。日本の線の和らかさは、純粋持続の流転を、無呼吸の裡に現わした体験のすさびである。それゆえに、永遠性があって、行き詰った相がない。

○

「心を静かにゆるがせよ」と宮本武蔵は記している。

・・・静かである中にも、「ゆらぎ」があるとは、固定しない生命流転の相を述べたのである。

この純粋持続が表現として現れると、その刹那《せつな》に、武蔵は電光石火に切り込んで敵を倒す。・・・剣道の心の持ち方は、こうして対立を超越した絶対境に入ることになり、観念の凝執が生ぜず、身体の虚実が出来ないから、健康も破ることはないことになる。

○

このような宮本武蔵は、「兵法を学ぼうとする人は道を行え」と言って、道を行う心持を、特に九か条にまとめて教えている。

一　邪《よこしま》な思いを抱かないこと
二　道の鍛錬をすること
三　諸芸に通じるところを悟れ
四　諸職の道を知ること
五　物事の損得をわきまえること
六　もろもろのことの目指すところを覚えること
七　目に見えないところを悟って知ること
八　僅《わず》かなことにも気を付けること

九　役に立たないことをしないようにすること

この九か条を見ると、剣道の奥義は、道徳の奥義である。それはまた、芸術の奥義でもあり、生活の奥義や経済上の奥義でもあり、そこに深い認識と体験とが現わされている。外国哲学が論じている認識や体験の抽象論と異なり、宗教的、哲学的認識が、直ちに生活の一般原理と一枚になって著されている。ここに日本の霊肉合致の認識と実際が明らかである。

○

宮本武蔵は『五輪の書』の中で、こう述べている。

「自分は一三歳の折から二九歳の歳まで六〇数回の試合をしてきたが、一度も負けたことがない。どうしてこのように勝てるのかと、三〇歳になって考えてみたが解らない。しかし勝つからには、何かそこに理法があるからに違いないと思って、以後、毎夕毎朝、鍛錬に鍛錬を続けて工夫していたところ、五〇歳にしてやっと解った。この先は、分けて行く道が見えないことを悟ったと言う。「この先は分けて行く道がない」とは、絶対の境地に立っていることを言ったのである。

武蔵は、ここが観音経の奥義であることをまた、悟った。「念彼観音力不能損一毛」、「念彼観音力釈然得解脱」の心境がそれである。絶対我顕現の瞬間には、一本の毛ぐらいなことではない。自分の生命を失うこともなかったのだ。その刹那こそ、敵を殺すという問題を超越して、神仏になった瞬間であるという意味である。・・・

そこまで体験すれば、師がいなくても、諸芸諸能に通じることが出来る。兼子さんは、その境地に入れば、「わが身の環境に対して通じないことはなくなる」と言い、ヤコブ・ベーメ(一五七五～一六二四年、神は「無」であり、「根源」であると説いたドイツの神秘思想家)の、「わが霊一切に通ず」という境地である。

〇

武蔵がこの境地に達した経路を見てみよう。

宮本武蔵は播磨《はりま》の赤松氏の族で、天正一二(一五八二)年三月生まれ、父は平田無二斉という十手使いの名人で、当時有名な吉岡憲法と三度試合して二度勝ったことのある人であった。

武蔵が少年時代に、父無二斉は経済的に貧しい中にも楊枝《ようじ》を作って生活していた。腕白盛りの武蔵がある日、父の仕事部屋に入って、何気なく父を侮《あなど》ると、父はムカッとして、彼に小刀を投げつけた。武蔵はこれをかわして、家を出て、荒巻神社の境内に行くと、黄昏《たそがれ》の光の中に、宮男が太鼓を叩いていた。武蔵はその手つきと、音の調子に惹かれて無心になって見ていた。

その時彼は、二刀流の道を発見したといわれている。太鼓叩きの二本のバチが、音楽的に軽く踊って、調子よくトントンと音を発しているのに引き込まれ、音とバチと自分とが一つに溶け込んでしまった刹那《せつな》、主観と客観が、内部本質の旋律に合一した純粋体験の刹那、彼には崇高な本質的認識が開けたのである。二刀流は、太鼓のバチから思いついたので、あの太鼓の軽快な、しかし底深い響きを発する力と一枚になって動くところに、創造の妙味を会得したわけである。

(英国の芸術評論家)ジョン・ラスキン(一八一九〜一九〇〇)は、これと共通的なことを言っている。「崇高《けだか》い少年が社会的に目覚めてくるころに、偉人の行動や、その面影《おもかげ》を忠実に、また感動的に表現した絵画が彼の眼前に置かれた場合、その少年に及ぼす影響は、実に測ることのできないものである。彼が夢見るような薄明《はくめい》の中に立って、感激の涙を流しながら、偉大なる故人の面影の、いい知れぬ腹の底まで見通すような、じっと見据えた目を見つめた時、あるいはその肖像の唇が微かに動いて、畏るべき叱責や、無言の訓戒を垂れているかのように思われたとき、彼の後半生の全行程を一変して、高揚させる志《こころざし》が、いかにたびたび起こったことであろう」と。

夢見るような薄明の中に立って、言い知れない思いがした刹那、少年武蔵は大なる体験の世界へと高揚させる感激の認識が開けたのである。意識的工夫を超えた静かな彼我融合の刹那こそ、まことに神境への飛躍である。

ラスキンはこうも述べている。

「一定の姿勢に拡げられた鳥の翼の基本点を正確に定めることが出来、さらにその個々の羽毛の曲線を目立つほどの間違いをせずに描き得るようになった学生は、大家の構図に対する理解力の増進という点において、多くの美術評論書を読んだり、美術品をやたらに調べて数か月を過ごすよりも、はるかに進歩し得たと言ってよい」と。

これは絵画においての問題であるが、これと共通的な意味において、宮本武蔵は、太鼓のリズミカルなバチの動きを、正確に二刀流の剣の動かし方に応用することを覚えた。それが幾多の師匠について剣道の修行をしたよりも、はるかに武蔵の天分をひきだした。・・・

○

「きつく引っ張らず、少しもたるまず、心の偏らないようにせよ、静かに正しく、音楽的にゆらいでいることを、大切な心の持ち方とし、芸術の奥義に触れ、生活の道をわきまえていなければ、剣道の奥義を体得することはできない」と、宮本武蔵は言う。

こうした状態おいて、精神は対立的機能を超えて絶対の態度になり、観念癖が出来ず、血液の循環は少しの停滞もなく、急激な逆上もなく、一四の経絡は虚実を生ぜず、手に握った日本刀も渾然霊となる。・・・こういう心身の状態を維持するところに、大霊の顕現としての純粋持続があって、邪気悪魔もこれを犯すことが出来ず、心身は解脱の妙境にあって、病症の原因も、業の束縛もない。

剣道では、西洋輸入の体育と異なって、病気が起きないのは、伝統的にこの奥義があるからである。剣道は、精神教育であるとともに、宮本武蔵が言うように、芸術道でもあり、経済生活道でもある。生活一切の真が、この道に体験づけられているわけである。

○

宮本武蔵の剣道は、対立的ではなくて、絶対的であり、技術的訓練ではなく、神の体認であった。技巧の中からは認識は出てこない。反絶対主義からも超人の認識は出てこない。神の体験から、神の認識が生まれてくることを宮本武蔵は実証した。

武蔵の剣道は和道である。殺伐《さつばつ》な武術ではなくて、救いの妙法である。・・・その体験に訴えれば一切の道が開ける。教育はその体験なしに、どのような知能技術を練磨しても、全身経絡の調和綜合を破って原則の確立を不可能にする。

二三　世阿弥も外国に例のない大教育家

世界文明は精神的に行き詰って、劇の上にも未来に光がなくなった。たまたまフランスの劇研究家が日本に来て、能を見るにおよび、「世界の行き詰った劇を打開するものが、日本の能にある」ことを発見して驚いた。・・・

(能の完成者)世阿弥は、二世観世音元清といって、父・観阿弥の後を受け、応永の猿楽革命を完成し、新たに能を大成した人で、その芸が純粋持続の妙に入っている。まるで、宮本武蔵の剣道と同様なものである。

○

世阿弥は『覚習條々』で、以下のように能の奥義を説いている。

「幽玄の風体《ふうてい》のこと、諸道諸事において幽玄であることをもって最上とする。ことさら当芸において、幽玄の風体第一とする」。

「そもそも舞歌《まいうた》とは、根本如来蔵から生じたものである」。

「日々夜々、行住坐臥《ぎょうじゅうざが》、この心を忘れずして、定心(平常心)に励むべきである。このようにして油断なく工夫すれば、能はますます上達するであろう」。

「妙とはたえなりということである。たえなるということは、形のない姿である。形のないところは妙体である。能芸において、妙所というものは、二曲をはじめて、立挙動、あらゆるところに存在するものであって、言葉で言い表すことが出来ないものである。もしこの妙所を現すならば、その為手《して》は、無上そのものとなっている。でも、初心の時からこの妙体の面影を示すことがある」。

「我々の流派に、万能一徳の句がある。それは、「初心忘れるべからず。時々の初心忘れるべからず。老後の初心忘れるべからず。この三句を究極の口伝とすべきである」（世阿弥『花鏡』）。

○

また世阿弥の『申楽談義《さるがくだんぎ》』の中にこうある。

「至上長久の天下に名を得る為手《して》においては、幽玄の花風を離れるべきではない」。

『花伝書』(世阿弥著)には、「まずこの道を究《きわ》めようとする者は非道を行うべきではない」。（非道とは）、好色、賭博《とばく》、大酒であり、この三重戒は古人からの掟である。また、「稽古は、我慢強く行い、人と争うことがあってはならない」。

能には花ということがある。芸に花が咲き出なければ、本当の域に入っているのではないというのであるが、ではその花とは何かということについて、世阿弥はこう教えている。

「一大事といい、秘事といい、ただこの一道である。・・・ただまことの花は、咲く道理も、散る道理も、人のままであるべきだ。そうすれば長続きするであろう」。

「花は心、たねは能である。故人はこう教えている。心地さまざまな種子を孕《はら》む。雨に合うと、ことごとく萌え出てくる。頓悟《とんご》花情が終わって、菩提の果実が自然に稔《みの》る」。

「いかなる花も散る。散るからこそ、咲くところには珍しい、能もひと所にとどまることのないがゆえに花があると知るべきである。ひと所にとどまらず、ゆとりのある風体に移れば、めずらしい。ただしさまざまなことがあって、珍しいからと言って、奇抜な風体をあえて出すべきではない」。

「秘すればこその花である。秘さなくては花にはならない。この分かれ目を知ることが肝要である」。

「一切のこと、諸道芸において、その家々に秘事があることによって、大きな役割が出来てくる。そこで、秘事ということを顕わにさせるまでのこともない。顕わにしようと言う人は、まだ秘事の大事を知らない者である」。

「奥義を極めて、すべてに珍しいことわりを感得しなくては、花が咲くことはない。お経に「善悪不二、正邪一如」とある通りである」。

〇

以上の数か条に能の深甚な体験が説明されている。

能には、珍しい花が咲くはずであると言うが、その花は種子から咲いてくるものであって、種子は芸の訓練を指す。七歳から初めて、一生涯やらなければならないと世阿弥は言う。

しかし芸は物まねである。物まねであっても、心を絲《いと》にして芸を操るのであった、「すべての物まねは、心根であるべきである」と言い、心を第一とし、万能に共通な一徳を教える。それは、「初心を忘れるな」ということである。初心は幼児の心、初めて芸に入るときの心である。初心には何の固定観念もない。それゆえ、精神が客観的に固定することなく、本質的な主観に、妙法の旋律流転を活現することができる。同時に、身体の一四経絡に虚実を作り出すことがない。

この芸にとって、

第二に大切なことは、我執が強くてはいけないということである。我執が強いということは、客観的なものに固執して癖があることである。心身一如の世界を破って二元の分立から進み、一四経絡の綜合を分裂させることになる。

第三に、「日々夜々、行住坐臥《ぎょうじゅうざが》にこの心を忘れるな」ということである。心が固定しないようにして、ひそかに万能を紡《つむ》ぎ出す心を保てというのである。

第四に、「能はとどまるところないことを花とせよ」と言う。留まるところがないということは、客観的に固定しないことを意味する。

第五に、幽玄と花が能の生命であるという点である。まず花とは何か。

「世になき風体」（特別な真似）を出すのではなく、様式があると世阿弥は言う。風体とは物まねのこと。つまり客観的事実のことである。客観的事実を目的として芸を行えば、花は咲かない。といって、花とは何のことかを説明できない。秘しなければ花は咲かない。すなわちそこに幽玄の世界がある。客観主観一枚境地、霊肉一致、神人合一の境地であるから、理論を超越している。そこに絶対境地が出現する。であるから世阿弥は、「我をしらなくては花が咲くことはない」と言う。この我は客観の刺激に左右され、観念の固定と癖を作り出す吾ではなくて、善悪不二、邪正一如の世界における我であると言う。つまり、本質的流転旋律の法則を活躍させる内部生命である。

〇

このように観じて来ると、世阿弥の能も、宮本武蔵の剣道も、ひいては法隆寺の建築に現れた精神も、鳥羽僧正、恵心僧都、空海、乾山の絵に現れた生命も、同じく純粋永劫の生命、日本道の生命であるということになる。

〇

世阿弥に関する一つの実例がある。

世阿弥が足利義勝の端午《たんご》の節宴で能を舞った時のことである。舞いは「善知鳥《うとう》」であった。二羽の燕が舞台に紛れ込んできて、観衆の注意が乱れ、能は大失敗に終わろうとした。その危機一髪の時、世阿弥の芸は、一刹那、神境に入って、聴衆をアッといはせた。

芸そのものが、純粋生命の持続であって、心根と物まねは一枚に融け入り、一分の隙もなく、幽玄の生命が閃めき出たその瞬間、世阿弥は乱れかけた劇場の空気と、ぴたりと一枚になり、舞台の上を舞う燕も、世阿弥の舞と一体に溶け込んだ。その時であった。「親は空にて血の涙・・・」の一句にさしかかった。世阿弥には、万能共通の体験が閃き出た。スパリと一羽の燕を打ち落として、パタリと平伏し、持った杖でほかの一羽の燕を指し、「親は空にて血の涙・・・」と謡った。

謡《うたい》と舞いと世阿弥の心と、観客の心は、その一刹那パタンと一枚の幽玄境に入って、しばらくは音もなく、やがて話し合わせたように、観客一同が深い嘆息を発した。

○

偶然というものはない。すべては必然であり、因縁である。

舞いの大切な場面に、二羽の燕が舞い込んできたのは、通常の心理状態から言うと、偶然の不幸であったであろう。

しかし、心眼が対立と模倣を超えて、物心一体の絶対境に、純粋生命の旋律を奏でたときに、舞い込んできた二羽の燕は、世阿弥にとっては、必然の出来事であり、幽玄のおとずれであった。

芸に通じる心はすべてに通じる。だから幽玄の歌謡と、燕とは調子が合った。そしてしかるべき瞬間、スパリと一羽の燕を叩き落とし、つづいて次の条に至って、「親は空にて血の涙・・・」が、世阿弥の様態と、一羽の燕と調和して、厳粛悲壮なほど、幽玄の花を咲かせた。

だから、道に徹すれば、身を誤り、道を失うというような、偶然の不幸というものはなくなる。すべての不幸が幽玄の力を増すための天機となり、天地人三才を貫く幽玄の大法則が顕現する。この体験に入って、「死ぬるもまた吾が益である」とのパウロの体認に至るのである。

○

右の一例に日本道がある。世阿弥は、能の奥義に、一般教育の原則を明示している。この原則、幽玄の裡《うち》おける神人合一の体験なくして、知能も道徳も原則なき、相対的なものとなって、絶対力の人格的表現とはならない。現代の教育は悉《ことごと》く、この原則無視の上に、社会的な便宜教育を意味している。

二四　この呼吸は剣よりも強い

まことの能楽における呼吸は、剣よりも強い。舞う姿の優しい姿には、剣を超えた強さがある。法隆寺の建築が明るく和らかで、千古のゆるぎない姿を立てているのと同じである。ここでは、観世太夫《かんぜたゆう》(江戸時代中期の観世大夫。観世元章《もとあきら》)の舞いを鑑賞してみよう。

○

徳川三代将軍家光がまだ若く、西丸殿と呼ばれていた頃、辻斬りに行こうと言いだした。武道師範の柳生但馬守《やぎゅうたじまのかみ》は、将軍の世継ぎの身が軽々しく夜に辻斬りなどするのはよくないと思ったが、癇癪持《かんしゃく》ちの西丸殿に諫言《かんげん》しても役立たないのでどうすべきか思案していたところ、折よく、二代将軍の使者から、「明日巳の刻(午前一〇時ころ)より紅葉山御舞台で、御前能の御催しがあるので陪覧《ばいらん》されよ」との伝言があった。但馬守は、このことでよい知恵が浮かび、西丸殿のお供をして陪覧に行った。

番組が進んで、観世太夫が「井筒」を演じる番になった。但馬守はひそかに西丸殿に向かって、「観世太夫が能を舞う間に、切りつける隙間がございますか、または無いでしょうか、よくよくお目をとめてください」と述べると、西丸殿は「不意を打てば、いつでも討てるではないか」と答える。

「いやいや、名人の芸には、体に少しの油断もありません。その油断に乗じることが出来ますか、否ですか」

「それでは、切り込む隙を狙ってみるから、その方も狙っておれ」

「畏《かしこ》まりました」

「こういうことで、二人は満身に気を込めて、芸に見入った。芸は進んでいく。しかし、隙が見えない。そのうちに、「井筒」は進んで、「契《ちぎ》りし年は筒井筒、井筒の陰に隠れたり」の場面になったとき、但馬守は、観世太夫に隙が出来たのを発見した。

やがて舞いが終わって、観衆感嘆の裡に、但馬守が「いかがでございましたか」と西丸殿に尋ねた。

「名人の芸には、なるほど寸分の隙もないね」と西丸殿は答えた。

「では、抜いた刀をお納めになりますか」

「幸いに正の剣ではなかったので、面目はつぶれない」

「さようでございます」

「お前もそう思うか」

「いや、私には手ごたえがございました」

「なんと、観世太夫を心の刀で斬ったというのか」

「はい」

「どの場面で斬ったのじゃ」

「あの井筒の中をのぞきましたところで、観世太夫の体に隙が現れました」

西丸殿は合点がいかなかったので、観世太夫を招じて糾《ただ》してみると、太夫はこう答えた。

「・・・まず揚幕《あげまく》を出しまして橋にかかりますと、恐ろしい気合に打たれました。このような場合、心に緩《ゆる》みのあろうはずがありません。ですが、井筒の中をのぞくところになりました、井筒の中を見ますと、ハテ白紙が一枚落ちていました。何のためかと思った刹那、つい気が抜けました。ハッと我に帰って、向こうを見ますと、但馬守がにこりとお笑いになりました、私はその時、身を切られたような気がいたしました」

言うことが但馬守と一致していた。西丸殿が心得ない者に対しても、うかと刀はぬかれないものじゃのう」と、感服して言うと、すかさず但馬守が、

「それにつけても、辻斬りなどは・・・」と言った。

「なるほど・・・」西丸殿も、そこで合点して、辻斬りの思いたちを止めてしまった。

〇

真に迫ると、芸は神のわざになる、とラスキンが『ヴェニスの石』に述べている。

「卑しい、実らない誤謬《ごびゅう》の行いをなすまい。大地の透明な力と燃える色彩を取り戻そう。その大地から、我々は生まれ出で、またその大地に帰っていかなければならない。大地は我々の肉体のように、堕落すれば塵埃《じんあい》であるが、神の手によって原子を集められた肉体は、光に漲《みなぎ》りかがやいている。神の愛と真理の表象として清められた肉体は光に漲りかがやく」。

世阿弥の能も観世太夫の能も、芸そのものが神境に入った時、その肉体は大地の塵埃《じんあい》ではなかった。神に清められた透明な力と光であった。どうして、その肉体を刀で斬り込めようか。

またラスキンは『ヴェニスの石』でこう言っている。

「神によって為されるものは、人間の美観を悦ばして、神の性質と神の法則を備えている」と。・・・能、乾山、鳥羽僧正あたりの絵にせよ、法隆寺の建築にせよ、また、宮本武蔵の剣道にせよ、ラスキンが言っているよりも、徹底した神人合一の境地をあらわしている。この境地に達すれば、ラスキンが「ここに来れば、科学ではなく、認識である。自然科学は分類と、カタログ製作に没頭するとき、あらゆる有害物と共に、有害となる」という心境である。

二五　さびの本質と大教育家芭蕉

ついに私は、日本美のさびについて語らなくてはならなくなった。全世界に比類のない日本美に、人間の本質を見つけた兼子氏は、生活の芸術美であるさびを見出す。兼子氏の生活と人格は、さびそのものである。

しかし、さびもまた、さまざまな宗教のように、外道《げどう》すなわちわびに陥りやすい。兼子氏は、芭蕉にまことのさびを見る。「芭蕉以前に芭蕉なく、芭蕉以後に芭蕉なし」といわれたように、芭蕉のさびもまた、その後、外道によって堕落させられた。

とはいえ、さびは日本人の本質を彩る芸術美である。まことに日本人はさびを愛する。

○

さびは感覚的に面白いものではない。享楽や誇張のあるところには、さびはない。虚偽と無内容の世界にはさびがない。さびと退廃とは絶対反対のものである。さびには、透明性と幽玄性が無限に内在する。芭蕉は「貫之《つらゆき》の幽かな糸すじ」と、「伝教大師の三藐三菩提《さんみやくさんぼだい》の丈夫心」と言った。

固定していないから、千変万化、どのようにでも雄大に、どのようにでも細く幽玄に出てくる。臨終に望み芭蕉の言った言葉がある。これを弟子の惟然《いぜん》が記している。

「俳諧の変化極まりなし。しかれども真行草の三を離れず。その三より千変万化す。吾未だその響きを廻らさず。君たちもこれ以後にも、地を離れることなかれ。地とは心は杜子美《としみ》[詩聖杜甫のことで字が子美]が老いを思い、寂は西行上人の道心を慕い、調は(在原)業平の高儀(高い道義心)をうつして、いつまでも我等世にありと思い、ゆめゆめ他に化せられることなかれ」と。

天地人三才を貫き流れる永遠の道心、その面影は高儀である。・・・これがさびである。

○

さびは概念ではなくて体験である。学ではなくて、力と味と匂いである。この世を超えて、この世に真なることである。それは修行によって、自分が作り出すのではなくて、自然のサンチマンが人生と芸術に染み出てくる趣である。それはまた、何物をも持たないで、一切を有するもの、芭蕉のいわゆる「身に寸鉄を帯びずして」、一切の武器をしのぐものである。利休は、寸鉄を帯びずして、剣の天才秀吉を動かしたところに、茶道の生活さびを現すことが出来た。

○

さびは、放縦、散漫な者、また焦燥闘争的な者には解らない。悲しみ、寂しみ、悩みを荘厳する底の心と共にさびは彩られる。静けさの中に、戦いを超えた力を観照し認識する者と共に、さびは現れる。

○

大黒柱のない家にさびがないと同じく、関捩子《かんれいす》のない人にもさびはない。関捩子のある者には、下腹丹田に、全身の綜合支持点があると述べた。丹田に力があれば、頭は冷《ひや》やかである。こういう人は、感覚意識の世界に、感覚意識を超えた永劫の流転世界を奏でる。そこにさびがまとい出でる。

○

さびは、何物をも所有しないで一切を持つ。それゆえ、深川の芭蕉庵の焼け跡を後にして、伊賀の故里へ旅立ったとき、芭蕉はこう言っている。

「深川や芭蕉を富士にあずけ行く」

焼けてなくなっても、無所得の芭蕉には無くなったのではない。富士山にお預けしていたのである。さびはここにおいて、超越の道徳を意味している。

○

芭蕉の一生はさびの一生であった。東北旅行によって、その体験はますます深まる。

芭蕉四六歳、春に旅立とうとする頃、東北一周の旅行へと、神に導き出される。自分で行くのではない。行かせられたのであった。千住《せんじゅ》で船を上がり、前途三千里を駒に任せて、岸辺を歩くと、一句出た。

「行く春や鳥は啼き魚の目は泪《なみだ》」

春は暮れようとしている。前途は渺遠《びょうえん》。

悲しい。鳥が啼いている。

目蓋《まぶた》のない魚の眼を川岸で見た。

釣り人の籠の中で魚が死にかけていたのだ。

跳ね上がる力もない。

ジッと行く春の中に涙しているか、魚よ。

鳥もなく
魚もなく
芭蕉もなく
天地人三才を貫く涙が、ひよろりと一句になった。

「行く春や鳥は啼き魚の目は泪《なみだ》」である。

底知れぬ深さ。しかもその姿は何でもない。作らず装わないかるさがある。

芭蕉はさびの正風にかるさを味わった。法隆寺五重塔のかるさ、正宗の名刀のかるさ、乾山の線のかるさ。

かるいけれども、無限に深いのが、さびである。宮本武蔵の二刀流も軽かった。日本人は軽快なところに、深き趣をひそめる不思議な人種である。

○

陸奥、秋田から越後に出て、出雲崎に来た時、芭蕉は苦闘のどん底にあった。その心を「魂削るがごとく腸ちぎれて、そぞろに悲しみ来れば、草の枕も定まらず、墨の袂《たもと》なぜともなくて、しぼるばかりになった」と慨嘆している。

浜に腰を下ろして休みながら、心の苦しみをジッと味わっている間に日は暮れてしまった。午後から夜まで身動きもしないで、ジッと腰を下ろしていたその姿にはさびがある。ついに苦闘の心は破れて、芭蕉は夜の荒海と一枚に融け込んだ霊肉一如、物心一体の妙境に入った時、無限大の力に権化した自分を見出した。

その心境が、

「荒海や佐渡に横たふ天の河」

の句になって出てきた。天の河の星影が、夜の荒海に映じた客観描写ではない。人生の間を横切った三藐三菩提《さんみゃくさんぼだい》の霊光をつかんだ音ずれである。句にさびがあり、体験にさびがある。

○

芭蕉、東北の旅も終わりに近づき、金沢に出ると、土地の名家たちが翁を小春亭に招いて、盛に宴応する。

翁は正風にそむけりと思ったのか、少しも喜ばず、翌日の夜、浅野川のほとりに会して、冷や飯と渋茶の晩餐《ばんさん》を共にして、「白露のさびしき味を忘れなさるな」と言う。

さびの体験が神さえて尊い。

いよいよ旅も終わり、これから伊勢に出ようとするとき、弟子の曾良《そら》が腹を痛め、一足先に失礼して、長島の知りべに行こうとする。別れるとき芭蕉が、

「ゆきゆきてたふれ伏すとも萩のはら」と言う。

情にこもる大丈夫心・・・萩の原に斃《たお》れて死んでも、自然に抱かれている。さびがまことに徹して人間の霊性を生かす。

○

さびの正風について、芭蕉はこう述べている。
「格《のり》(おきて、様式)に入って格から出ないときは狭く、また、格を習得しないときは邪詠にはしる。格に入り格を出てこそ、はじめて自在の境地に入る」と。

格は客観的規準である。しかし最後のものではない。規準が尊いのは、前人の体験を現しているからである。といっても、体験には前人の基準を超えるものがある。だから格を無視すれば、高儀がなくなるが、基準にしばられれば、狭くなって、対立比較の世界に真を求めようとすることになる。さびには固定した基準がない。生命は無限の諧調《かいちょう》であり、流転である。

○

芭蕉のさびは、いわゆる芭蕉の壁書というものに、細かく生活に即して述べられている。壁書とは、芭蕉が壁に掲げて、まことの俳人の金言にしていたものだという。曰く、

一、席について壁によりかかて眠るべからず。
一、(人は)煙草を呑むべからず。
一、我が門の人は、茶漬け三石六斗を食べないうちは、俳諧が上手にならない。
一、無分別の場に句作が可能であることを思え。

○

一、俳諧の席に出て、眼をつむり腕組みして後ろの壁にもたれかかる。この姿はいったい何を表象するか。人を見下げ、物を軽んずる豪《ごう》がんな態度である。不遜であって何物をも受け入れまいとする我執の態度である。このような態度の持ち主には、さびもなく詩神もないと言うのである。

○

一、次に、人が煙草《たばこ》を呑むことがなぜ悪いのであろうか。煙草好きが俳諧の座に煙草を忘れて行った。煙草好きが一夜の座に煙草を忘れて出たならば、「何だか物足りない不安」がして落ち着かない

であろう。そこで、隣席に人に失礼して一服吸わせてもらう。これでよかったと思い、また吸いたくなって、また失敬する。失敬ばかりの気持ちで、つい物足りない不安な気持ちを荘厳するさびの趣には味わえない。芭蕉はそれがいけないと言う。

人が煙草を吸うのは不躾《ぶしつけ》であるが、不躾以上に悪いのは、せっかくの物足りない不安を味わうことが出来なくなることである。

何だか物足りない不安は、人生共通の不安である。だれでも、はっきりと意識には上らない無意識的な不安があって、腹の虫がおさまらない。腰と腹の決まらない人間にとっては、まぬかれない不安である。その不安があってこそ、人は無意識的に関捩子《かんれいす》を要求し、一身の大極に憧れる。しかし人は、日常生活の中で、その不安をごまかそうとして、酒を飲んだり、下品な享楽に溺《おぼ》れてみたり、感覚的な外部刺激に身をゆだねてみたりする。であるから、せめて神聖な俳諧の座に来た時だけは、その不安を不安として、ジッと耐え忍びつつ味わう心持ちになっていたら，超越の瞬間に巡り合うさびの心持ちも分かるであろうというのである。

人生、不安なるが故の芸術である。いかに働いて考えても、しょせん人間には何だかわからない物足りない不安がまといつく。なぜならば、人間には、いかなる努力や思索も、はるかに超えた絶対なる要求が隠れているからである。それをつかむところに芸術がある。芸術は、思索と努力の世界を超えて、荘厳世界を顕し、・・・人間の本質の絶対感を現すところに、本来の生命がある。芥川龍之介が、「ぼんやりとした不安」のゆえに自殺したと遺書したのは、不安を超えて、驚異賛嘆の世界にまで、体験を進めることが出来なかった事情を告白したようなもので、つまりは、さびを味わうことが出来なかった事実を告白したようなもので、さびを味わうほどまで、真実味を悟り得ず、したがって彼の創作が、客観的描写に左右されないうちは、俳諧が上手にならないという。茶漬け三石六斗といえば、年がら年中茶漬けばかり食べているということで、自然のままに単純生活を愉《たの》しむということである。元禄時代の行脚《あんぎゃ》の折、小春亭の饗宴後の手紙で、「もし重ねて我と契りを結ぼうと思われるならば、食事の患いをひたすらはぶきください。もし私が飢えるなどということになれば、私からお頼みしますので」と申している。実にこの心あってのさびである。

「茶は好め、器は好くな。めげ茶碗一つで事足ります」とは、利休に感化された秀吉への訓戒であった。そこにさびがある。飾ることのない美しさがある。自然が生活と芸術の美をしっくりと彩る。

単純の中に、力がある。亡ぶことのない力、まことをつかむ力が動き流れている。万葉集に力があり、芭蕉の句に生命があるのはそのためである。

一、「無分別の場に句作あることを思うべし」と芭蕉は言う。

芭蕉の句は作ったものではなくて、自然に出て来たものであった。閃きでもあった。爆発である場合もあった。

「我の句は切字の有無と意の深浅を案じて作ったものではない」と言い、「頭髪ために逆立つ」と言う芭蕉の言葉が、句作の心を現している。

芸術は作るものではなくて、作らせられるのである。意識の中からは芸術の妙味は出てこない。意識以前の働きかけがあって、芸術は実を結ぶ。意識以前の世界を観照し、表現して形を成すのが芸術である。だから、深ければ深いほど、芸術は幽玄で、遂に神の顕現に至って荘厳される。

「意識は種々に妄執す」と、大乗起信論の著者は言っている。作られたものは、意識の妄執に左右されたものである。妄執されたものは、絶対的ではなくて、対立的である。そこには、真実にいたみ出るものも、強く閃き出るものも、また、自然のままなる趣もない。

「見渡せば眺むれば見れば須磨の秋」

これは考えられて作られたものではない。須磨の裏に秋が来ていた。沖も秋、浜も秋、磯の松にも秋、空にも風にも秋。どこを見ても、どこを眺めても、見渡す限り秋である。秋は身に沁み、真帆片帆の影にもしみ込んで限りがない。ああ秋だ。どこもここも秋が深い。・・・ただ深い嘆息があるのみ。突如芭蕉に一句が出来た。すなわち、「見渡せば眺むれば見れば須磨の秋」である。

参禅の奥義もここに在る。ここに至って、宗教も芸術も実際生活も同じ奥殿を持つ。

「月はあれど留守のようなり須磨の夏」

これもそうである。明澄な閑寂の中に、神の恍惚《こうこつ》がある。

「秋とばす石は浅間の野分かな」

つぶてのような風に打たれた那須の閃きが、山よりも強く野をこめる。

「石山の石より白し秋の風」

明澄の気はますます迫って、天地人を込めた恍惚の訪れを秋風に托して現す。さびと言わずして何と言おう。

〇

さびは蕉門の正風と言われるばかりではなくて、日本人の正風である。

さび、しをり、しぶみ・・・この三者は日本美の三位一体である。芭蕉がいわゆる真行草である。

神道のいわゆる生霊、足霊、玉留霊である。主観客観綜合の物心不二、霊肉合致、顕幽一体の天御中主を現したところに、さびの帰趣がある。

〇

ところが、日本は、相対原理の上に立って客観的にのみ映画のフィルムのように展開していく外国文明を模倣して、絶対原理に反抗して行ったために、天の御柱は揺るぎ、大黒柱はぬけ、さびもしをりもしぶみも、日本の芸術及び生活から消えて行った。

建築家ライトは日本に来て、「銀座通りは百鬼夜行の姿であり、山高帽、紋付羽織、靴、唐傘の出でたちである」と嘲《あざけ》り、一つとして日本に必要な建物がなく、すべてが日本に不必要な外国模倣の建築ばかりであると罵倒《ばとう》し、三菱の大銀行を「棺桶《かんおけ》」だと嗤《わら》った。そして彼は、このような日本の不純な建築物は、日本のまことの精神が滅亡していることを証明する何よりもの証拠だとして、なぜしぶみに現れた日本古来の偉大性を現さなくなったかと警告している。

空海や鳥羽僧正の絵に世界無比の偉大さを認めて、驚嘆したドイツ人フィッシェルが、日本の書家によって嗤《わら》われたようにこのライトもまた、日本建築家によって非難されたとは、何たる悲惨な矛盾であろうか。

さびとしをりとしぶみに、今の日本が本来の生命を見出すことが出来なければ、日本本来の哲学も樹立することが出来ない。

二六　兼子尚積の清正と利休観

―さびの観照―

賤ヶ岳《しずがだけ》の合戦の功名で、まだ溜飲《りゅういん》の下らなかった加藤清正は、九州が平らいだ後に、やっと溜飲が下がった。

というのは、東洋大帝国の建設、南洋合併の実現という雄大な企画が秀吉にできたからであった。すなわち北は朝鮮を導いて、明国を討ち、アジア大帝国を作り、北京を都として、後陽成天皇の遷幸を奏請し、南はインドを属国とし、台湾は勿論、フィリピン群島を占領してしまおうというのが、その計画であったのである。

秀吉の実行力は疾風電雷的であった。計画が立つとすぐ、もう翌年天正一九年正月には、実行にかかるという段取りになった。

この年に当たって、清正には癪《しゃく》に触ってならんことがあった。それは利休が、聚楽第《じゅらくだい》を我が物顔に茶室にこもり、秀吉を招き、女官を誘って終日のんきそうに茶をすすっている一事であった。

「秀吉殿の雄大な企画を一場の夢となしてしまうのは狸坊主の利休だ。よし俺が、隙を狙って、ただ一打ちに切り殺してやろう」。清正はこう決心した。

清正が利休を憎いと思ったのは、今更のことではなかった。特に先年、利休が朝顔の会に秀吉を招いて、ひどく秀吉を感服させてからというものは、いよいよもって承知が出来なかった。話を聞いてみると、利休はたくさん栽培していた朝顔を、その日未練もなく根こそぎぬき捨てさせてしまって、ただ一輪の白い朝顔の鉢を茶室の床の間に置き、さも悟り澄ましたような風をして秀吉を招いたそうだ。

秀吉は朝顔見物に招かれたのに、一向にそのようなものがないので、憤って利休を責めると、利休は床の間を指さし、「朝顔や儘十方に花一つ」とか何とか言って、秀吉を手玉にし、「なるほど」と感服させたそうだ。

「なんだ、三つ児の幼女がやるままごとのようなことをして、やつ、狸坊主が秀吉殿をたぶらかしている。そのようなことでは、大東洋帝国の実現も、南洋征伐の壮図も、一場の夢と化してしまわねばならん」。

清正はしきりに憤慨して、折を待っていたが、一向に良い折りがなかった。とうとうたまりかねて、清正は一日、スタスタ唐傘の茶室に利休を訪ねた。

大太刀を持つ小姓をお供させて茶室に入ってみると、なあんだ、閨房《けいぼう》(ねや)のような、せせこましい四畳半！　しかも狸の穴みたいな小さな穴から這い込んで行かなければならなかった。

アジア大帝国の理想を裏切る狸坊主の悪巧み！『狸坊主！』今にも一喝浴びせかけようとしたが、清正はジッとおし耐えた。

その茶室には、湯釜に湯がしゃんしゃん沸いていた。

「ふん。こいつが釜師、辻与次郎《つじよじろう》が造ったという丸釜だろう。初めて見たが、何だ、こんなもの」

と清正はこう思った。

その茶釜のわきに狸坊主が、まるくなって、抹茶茶碗を布でふいていた。

「あいつが楽焼というのかな。秀吉殿をたぶらかして、陶器屋の長祐に造らしたできそこないの乞食茶碗みたいなものだな」と清正は思った。

清正は四畳半の真ん中に座ったまま、何事も言わなかった。何の飾りもない渋い色の木材、竹材で造り上げられた茶室が、妙なくすんだ感じを与えた。

利休は、少しもうろたえず、撫《な》でまわしていた陶器を茶棚にのせ、静かに振り返って、ジッと清正の顔を見上げ、

「やれようこそ、御入来!」と、丁寧なお辞儀をした。

「女みたいなお辞儀をいたす狸坊主だ」と思って、清正は返礼もせず、何も言わず、あぐらをかいて、茫々とした顎鬚《あごひげ》をしごいていた。

「小姓、控えの部屋にお待ち致せ」と、利休は小姓に命じた。

「かしこまりました」と小姓は片手をついて、お辞儀をすると、威儀《いぎ》正しく出ていった。

そして、息も止めているかと思われるほど、静かに取り澄ましていた。

利休は膝の上に手を組んでジッと落ち着いていた。眼は細く開いて、何も見ていないかのように、外には寒い風が荒れていたが、ここはくすんでいて、暖かでシーンとしている。湯釜の湯が長閑《のどか》な調子で、鈴を鳴らしている。

「利休殿!」と清正は突如言い出した。「賎ヶ岳や長久手の激戦で血を流した武士は、幾日となく食べることとなく、岩根の泉や池の水を両手ですくって飲んだものだ。益荒男《ますらお》にとって、このようにうまいものはない。そなたの茶の湯は、どのような味か」。

「初めての御入来・・・ごゆっくりとなさいませ。私は、今朝未明から、茶道のさびに、秀吉公の

経済革命、天正の石直《こくなお》しに通じるものがあることを、しみじみ味わっていたのです」と利休が答えた。

「茶の湯にそのような味があるとおっしゃるのであれば、私に一杯味あわせてください」

利休は茶棚から抹茶茶碗を取り出して、丁寧にいじくりまわし、雉《きじ》でも逃げ出すときのような勢いで、突如パタッと布をはたき、その布で椀を拭き、茶を入れ、いかにも凝《こ》った手振りで、竹の茶柄杓《ちゃひしゃく》で釜の湯を注ぎ、茶筅《ちゃせん》でくるくると、手振りも軽く素早く掻きまぜ、古風な菓子盆を取り出し、茶と一緒に清正にすすめた。

清正は、「私は菓子はたべないのじゃ」と言って、茶碗を片手に取り上げ、一口飲み干して、

「こりゃ、いかん」

「いかんところがよろしいが、どのようにいかんとおっしゃるのですか」と利休がたずねた。

「少し抹茶《まっちゃ》くさいというか、それに暑くもなく、冷たくもなく、腹ごたえがなくて、なんだかこう、さっぱり物足りない。私にはドブロクの方が結構じゃ」と清正が答えた。

「その物足りないところが結構なのです。その心持が人間共通の運命です。その悲哀に徹して三藐三菩提の大丈夫心が現れます」と利休が解釈した。

「何を・・・私は汚れた手で岩根の清水をガブガブ飲む合戦の日の冷水こそ、まことに結構」と清正がはねつける。

「一掬《ひとすくい》の茶にも天下恭敬の心を覚えるなら、わずかなところに潜む三藐三菩提の大丈夫心も味わうことが出来ます」とまた利休が述べた。

「何をこじつけなさるのですか。亡国の器に・・・大丈夫心があるというのなら、いざ試そうではないか。」
・・・利休は何も言わなかった。
清正は立ち上がって、次の部屋から大太刀を携えてきて、茶室の真ん中にドカッと坐ると、「さあ、

覚悟なさるがよい」と唸《うな》った。

「見渡せば花も紅葉もなかりけり、浦の苫屋《とまや》(粗末な小屋)の秋の夕暮れ」と利休は古歌を口ずさんだ。顔色を変えないで。

容赦《ようしゃ》もなく、清正は大太刀を抜きはらい、ズバリとやったが、太刀が長すぎて、竹の柱をズッきりと二つに切り抜いた・・・と、その途端、刀先は利休の膝の側に落ち、法衣のすそを見事に切断していた。

と、いつのまに握っていたのか、利休は両手にしていた茶碗を静かに押し頂き、口いっぱいに頬張《ほうば》った菓子をもぐもぐさせながら、恭《うやうや》しく三口に茶を呑みほした。その無邪気な口元、錆びた色、落ち着き払って微塵も震えない両手が、今まで張り切っていた清正の心を裏切った。

正直な清正は、いたくその様子が気に入って、「これはとんだ失態！　なるほど、そなたは弓矢の道に同じ奥義をご体認であられる。いや、これはとんだ失態。御免《ごめん》を下され」と何の躊躇《ちゅうちょ》もなく謝《あやま》った。

「方丈の茶室の中にかざしては、槍も剣もさびてすくまむ」と利休がやった。

「いや、まことに仰《おお》せの通り。おわびを申しまする。どうか、もう一つ茶をいただいて、味を悟らせていただきましょう」と清正は言って、大太刀を鞘《さや》に収めた。

利休はまた茶を勧めた。清正は利休の真似をして、菓子を一つ頬張り、しばらくもぐもぐさせて、茶を三口飲みほし、ジッと手に持って黙然したとき、こう述べた。

「何だか、寂しいような甘いような味だな」

「そうでございますか」

「待って下され。私は変な気がしてきた。こいつは、賤ケ嶽《しずがたけ》合戦勝利の日の心持ちがよみがえってきたのじゃな。私が槍をしごいて立ち向かえば、敵の剛の者、来る者来る者みな腰を抜かして、槍先にひょろひょろ甃れかかって突き刺される軽業、まるで魔法使いのような具合に勝利を得たが、さて夕日が丘に槍を突っ立てて落日を眺めたとき、私はどうしたのか、寂しいような甘いような、明るい悲しい気がして、思わず涙ぐみましたわい」と清正はこう言った。

「さすがに清正殿」と利休がすかさず答えた。「そなたは弓矢の道にまさるものを持っておいでになる。神通無碍、そのご体認あっての大将軍殿！　いや勝利の悲哀に仏の慈悲を汲む道のお方！」

「いや、はあ、なんだか妙でござる」と清正は頭をかしげて考え込んだ。

「わずかな渋みの茶一椀に、盡十方を味わい、天下恭敬の心を覚え、長空白雲の飛ぶのを妨げない心があってこそ、大東洋帝国の建設も、南洋合併の壮図もまっとうされるのではありませんか」と利休が言った。

「なるほど」

「よくもご道破なされました。感服しごくです」。

「・・・」清正はジッと利休の顔に見入った。冴え冴えとした顔である。

「ここでは男もなく、女もなく、性を超えて一脈幽遠の気に神さびます」と利休が言った。

「秀吉殿には、それがことのほか大切でありますのう」と清正が答えた。

茶釜のふたがガタッと動いた。雪模様の空を、真一文字に小鳥がピーッと鳴き渡った。言葉に勝る沈黙のささやきが、英雄と僧侶の心に行きかかった。

「これは大いなるお邪魔を致しましたわい。南無妙法蓮華経・・・ご無礼一重にご容赦下され」と、清正はもう帰ろうと思って立ちかけた。

「いやいや我なく他なし。大道廓《だいどうかく》として霊明」利休はそう言って清正を恭敬に送り出した。

○

その後、幾日も経ずして、利休は秀吉に死を命じられて自殺した。辞世の一句が清正に伝えられた。

「寒熱の地獄に通う茶柄杓《ちゃひしゃく》は、心なければ苦しくもなし」

きけば、秀吉が利休の娘を我に与えよといったのに、利休がこれを拒んだので、事ここに至ったという。

清正は溜《た》め息をついた。

その翌年、清正は大軍の将になって、征韓の役に出陣し、わずか三か月を出ずに朝鮮半島を蹂躙《じゅうりん》し、神速な勝利を祝った夕、一人丘の上に立って、落日を眺めながら、寂しいような、甘いような、明るい悲哀を感じて思わず涙ぐんだ、丘を下って営に帰ると、将卒等はまだ祝宴の喜びを舞っていたが、清正は薄暗い捕虜の幕屋に行って、寂しげな朝鮮の二王子を代わる代わる抱いて遊んだ。

それからまた歳月の流れること五年。清正は再度の征韓軍の将となって名古屋を発した。今度の戦役には、諸将軍の中、疲労を見せる者があったが、清正には乾坤《けんこん》(天地)を揺るがす力があった。朝鮮の将卒も人民も、清正が来たと聞いては、ケーチナチン、ケーチェナチン、ナーレと謡いながら逃げ惑った。歌の意味は「鬼神清正公来る」というものである。こうして逃げる朝鮮人の愛すべき姿に、清正は大東洋帝国の実現されるべき仁愛の世紀を望見した。

蔚山《ウルサン》の激戦もことなく勝利に帰し、天地を席巻する勢いで威鏡道を制した清正は、浩洋とした大河を望み、茫漠とした平野を眺めて、はるかに神聖東洋大帝国の理想を礼拝しつつ、無限の快感に胴震いしていた。するとちょうどその時、突如として秀吉の死が伝えられ、遺言によって出征軍の引き上げの命令が下った。

彼は黄昏《たそがれ》の陣営に茫然自失して何も言えなかった。身動きもできなかった。ようやく己に帰った時、彼は挑山城内の唐傘の茶室で、利休と語り合っていた時のことを偲びだしていた。そして深い感慨の底から、「ああ、三藐三菩提の大丈夫心は、第一回の征韓役が講和条約を結ぶ日になってから、全く秀吉の胸の中では消え失せていたのだ。一脈幽遠の気に神さびたものが秀吉に養われていたのなら、神聖大東洋帝国の実現は夢とならなかったはずだ。利休を殺した秀吉は、すでに亡んだ。女に生きた秀吉は、道に死んだのだ」と、二度も繰り返して、また深いため息をついた。

二七　兼子氏の体験と実在観

兼子氏は、「宇宙の旋律流転に、我々の本質的内部主我が順応するときには、単に主観的活動ばかりではなく、客観的に真実である認識活動が起こって、内部生命は、外部生活の妥当価値を把握する」と言う。これは兼子氏の体験であり主張であるが、この見解から実在に関するまことの新しい見解が出てくる。

〇

現代哲学は、実在を抽象的思惟なりとしているが、兼子氏は、実在を自ら体験することのできる永遠の生命と観じている。

実在を抽象的過程として思惟する現代哲学は、生きた人間の指導的原理とはならない。抽象的過程としての実在観は、技師の造船設計によって、直ちに大海を渡ろうとする愚に等しいものである。

実在に関する認識は、我々が意識的感覚的な苦しみや、混乱に窮《きゅう》しはてて外部客観世界に超越した力を、自己の性質に喚《よ》び起こす刹那《せつな》に目覚めてくるものである。こういう内部経験によって、生命及び存在の深い根源に達した時には、普通《ノーマル》の自然的経験や、変態的心理作用を超えた深刻な直観力や、鑑照力や、認識力が目を覚まして、思索以上の確実さで、本来の必然的活動を、主観客観統一の状態で創始するものである。まことに苦闘というものは、神性を呼び起こそうとする手段であると言ってさしつかえない。かつまた、超越的自我が、ひとたび現れると、我々の肉体に著しい変化を与えるものである。抽象的な実在観には、こういうことはあり得るものではない。

実在の体験によって、直観力や観照力や認識力が強まれば強まるほど、個人の道徳的表現、芸術的表現、知的探求力というようなものが、ますます高まってくる。個人及び社会生活の生きた原則は、ここに把握されなければならない。この意味において堕落すれば、宗教は糟《かす》になり、個人の生活も国家の生活も気が抜けてしまう。

古神道における「神ながらの道」とは、この深刻な内部経験に照らされた煌々明々《こうこうめいめい》の認識によって生きる道であって、こうした生活原則には、詭弁《きべん》会議も必要ないから、我が国の神道では、言《こと》あげしない国というのである。

〇

実在に関するこうした認識は、絶対的立場をつかむ。「絶対のことはわからないから、ただ認識の問題だけを考究する」というドイツ哲学者リッケルトは、人間にはいわゆる論理的機能以上の性質があることを認めていない。このような性質を認めるものは、古来東洋哲学の立場であった。新プラトン派のプロティノスや、霊智派のヤコブ・ベーメのような人は、西洋人ではあったが、全く東洋の哲人であった。ベーメの次の一言は、確かにその内容を現している。

「汝の魂の奥深く、義の太陽が昇るのを待って、光の泉を求めよ。それによって、汝の性質にひそむ光も宝も、普通の七倍となって嚇灼《かくしやく》として輝き出る。その超感覚的、超自然的印象力、保証力によってのみ、内的生活も、合理的生活も、最も完全な秩序と調和をもたらす」。兼子氏は、「煌々明々《こうこうめいめい》として内に明らかに、そして環境の一切を照らすもの」と言っている。

〇

人間性質の深い秘密、宇宙大統の原則というものは、物理や化学の問題ではなく、またユークリッドの定理のように、知的説明の範囲にとどまるものでもない。各個人の生命と本来的に関係ある生きた事実であって、自分のために、自分でだけ発見し、説明することのできるものである。人に説明される経験ではなくて、自ら経験し、自らさとられる事実である。単なる知的理解によっては知ることのできないものであって、活きたはつらつとした事実の認知である。一体、われらが真に知ることのできるもっとも尊く、もっとも高く、もっとも深いものは、他人に説明することも、証明することもできないものである。そして、こうした高調した内部の光明を持った人が、実在を神と呼ぶ。神は客観的にも主観的にも存在するが故に、「我、神の中に生きる」と実証をもって、力と知恵と人格とにおいて、彼は非凡な体験を得、外部世界に働きかける非凡な妥当価値を持っている。

〇

現代の科学は、原子論において、過去の唯物論と、二元論をすてなければならなくなってきている。そして古代東洋の聖者が、万物の根源に統一的実在を認めたあの哲学を新たに生かさなければならなくなってきている。兼子氏は、その新しい預言者である。・・・

二八　絶対生活

思想が対立的でなくなってくると、単なる思索ではなくなってくる。

〇

われらが求めるものは、絶対を説明しようとすることではなくて、絶対を経験しようとすること、絶対を生活しようとすることである。

〇

われらは絶対を本質づけられている。

だからわれらは、もっとも高尚な理性で、絶対を思索するだけでは満足しない。知的認識と共に、自分たちは体験生活に絶対を顕現しなければ承知が出来ない。

思索だけではない。観照がある。瞑想がある。実行がある。祈祷がある。無の修行がある。

○

対立的に生きるとき、われらは怒りや、失意や、悔やみや、悲しみに息が詰まる。呼気と吸気が激しく短くなる。自己が格闘裡に引き裂かれるような気がする。

われらは息づまらない生活に、一の原理に生かされる秘密を内観する。力がその時にわれらを活かす。呼吸が深く長くなる。深く長くなる呼吸の徹底境は、自己分裂の闘争なき純一の状態である。

○

統一の経験について老子がよく言っている。

「まさに天下を取らんと欲してこれを為す者は、吾その得べかざるを見るのみ。
天下は神器なり。
為すべからず。
する者は敗れる。
執る者は失う。

天下は一を得て清し。
地は一を得て寧《やす》し。
神は一を得て霊となる。
谷は一を得て盈《み》つ。
万物は一を得て生ず。
王侯は一を得て天下の貞《さだめ》となる。

そのこれを致すことは一なり。
天清くことなくんばまさにおそらく裂けむ。
地寧《やすらか》きことなくんばまさにおそらく動かむ
神霊なることなくんばまさにおそらくやまん」

○

絶対主観なき客観は、妄執であり無明であって、本然生活から見れば、迷いである。だから対立的的生活や、相対的思索の哲学は、ことごとく迷いである。

○

対立的になればなるほど、人間の意識は間違って、その欲望は堕落してくる。欲望の堕落と共に、調和の本質に反して、感情的にも、思想的にも、意志的にも人は堕落してゆく。

○

人の堕落は、最初二元的に分裂したことから始まった。すなわち下腹丹田に一身の綜合支持力を失って、頭部に観念の固定点を作り出し、ために、人体が上下の二大対立をきたしたために堕落が始まったのである。

下腹丹田に一身の綜合支持力がなくなれば、無意識の世界に住する絶対主観が消える。・・・そして人体は調和の代わりに対立関係をつくり出し、頭部の働く客観刺激の欲望と、下半身の無意識力とが争闘をはじめると、全身一四経脈の調和もおいおいと分裂をきたして、さまざまな虚実をつくりだし、そこに病気が起こってくる。対立関係で動いている今日の人類経済もまた、病的であって、結果がどうなって来るかがわからない。いわゆるその最後に滅亡に陥らなければならない。・・・

これが兼子氏の新提唱である。

○

人体が二元的に分裂して、人間が堕落を始めると、哲学的思索の上にも堕落分裂が生じてきた。三位一体の思想はこれである。すなわち、(一)絶対主観・・・働きかけるもの、(二)原始的存在・・・働きかけられるもの、(三)形・・・以上両者の相互作用の結果がこれである。働きかけるものは、永遠に隠れた原因、生命とか実在とかいうもの。ところが、この実在が働きかけられる受動的原理となって、宇宙の万有となっているキリスト教の三位一体説はこうして起って来たもので、古代における各国の神話にも、同様の三位一体観がある。

一なるものを三つに分けて考えるようになったのは、主観と客観を二元的に考えるようになったためである。霊肉を二元的に考えるようになったためである。

○

しかし人間が、対立分裂の肉体関係から、下腹丹田の綜合支持力、すなわち、関捩子《かんれいす》、老子のいわゆる一元に帰ってくれば、客観と主観との対立はなく、客観的生活は、本質生活の妥当形式となり、完一なる神の意志、宇宙大統の原則に、一切が帰入してくる。

○

本然生活は一を持し、堕落生活は分裂と混乱を作りだす。

○

一を持する生活、それは、「一微塵《いちみじん》に盡十方無碍《じんじゅっぽうむげ》の世界」を観ずる世界である。わが指一本の動きに、日月星辰《じつげつせいしん》あらゆる体系の星の世界が動き、わが一呼吸には、無限の顕微鏡体系の組織世界が働いている。無限の宇宙に神が活動するのも、自己の環境で自己が活動するのも同じことである。

ウパニシャッドに言う。「まことに、自我を見、自我に聞き、自我を解し、自我を知った者、・・・彼によってこの全世界が知られる」と。

こうした絶対生活は、今日の倫理的哲学系統にはまらない。実在を抽象的思惟として、反絶対的態度をとりながら、認識論にも、体験の問題にも徹底することのできない現代哲学は、人間の本来の面目を救い出すことができない。

○

兼子氏は、病と貧とに斃《たお》れるべき人であったが、絶対生活の刹那《せつな》から、病は全治し、生活には恐怖なく、多年自己の生活に救いの実証をあげ、大正十二年の大震災に遭《あ》って一切を失うと、一人の知己もない大阪に行った。知己一人もいない都に行って、あえて自己を広告せず、救いの道に生きている。その名は天下にきこえないが、一微塵の中に盡十方《じんじゅっぽう》無碍《むげ》の世界があるとは、兼子氏の生活そのものである。

○

一見、自分たちはみすぼらしい外見を持っていよう。しかしながら我々の内には、存在の無限内容がある。超越の無限なポテンシャリティがある。思惟以上の豊富さがある。絶対生命の不可思議な栄光がある。

その完全性に向かって、一切は動いていかなければならない。吾行けば、吾をつくる無限の原子も共に行き、大千世界も吾に応じる。佐藤信淵《さとうのぶひろ》(一七六九―一八五〇、江戸時代後期の農政学者)先生は、「海でも山でも荒野でも、汝が行くところには、八百万《やおよろず》の神々も共に行って守護して下さる。・・・人間はどこに行っても生きられないことはない」と言って、農学の知識と信仰を一枚にして、生きる道を細かに教えている。これが随神《かんながら》の道である。日本人が経済と思想の黄昏《たそがれ》に見出さなければならないものは、随神《かんながら》の道である。

○

だから、絶対生活には天命こそあれ、運命の支配力というものはない。

○

運命とは自己以外の支配力があって、自己を客観的に左右しているという観念の所産である。見えざる力と、見える吾との対立関係を、暗々裏に許した観念の所産である。結局、妄想の所産である。だから、運命の善悪を考える者は、対立精神に生きている者で、絶対純粋生活をしている者ではない。

○

対立的なるが故に運命の観念は、人間の堕落を意味するものである。

○

純粋な本質生活をしている者には、運命の感じはさらに起こってこない。だから深い体験の人は、一人として宿命観を持たない。涅槃《ねはん》は宿命の鎖を断ち切った救いの絶対境である。キリストは恵みを語ったが、宿命のことは少しも言わなかった。

「すべてのことはわれにあり」というパウロの体験は、悲運も不運もないことを明示している。破綻《はたん》の夕《ゆうべ》には不思議な平安が音づれる。

絶体絶命の瞬間に来る自我存在感の厳かさ。

すべて、こうした実感は、本来人間が運命に超越したものであることを示す啓示である。・・・

○

かつて、肥後《ひご》の球磨川《くまがわ》を二人の青年が船で下った。甲は泳ぎの名手であったが、乙は泳ぎを知らなかったけれど、坐禅の行者であった。

舟が一つの早瀬を矢のごとく滑って、淵に下ったその刹那、渦巻きと泡にもまれて、舟はたちまち転覆した。甲は救いを彼岸《かのきし》に求めて、一生懸命泳いだが、激流に跳ね飛ばされて、岩角に頭蓋を木っ端みじんに砕かれ、そのまま絶命してしまった。

泳げなかった乙は、舟が転覆した刹那、坐禅を組んで、絶対に心身を托した。と、三度くるくるひっくり返って、無事に浅瀬に立っていた。

人々はこの二青年を評して、「甲は運が悪かった。乙は運が良かった」と言うであろう。人生にはこれに類した事実がいくらでもある。客観の世界に救いのあることを確信して死にもの狂いに努力した甲は助からなかった。けれども、生なく死なき絶対に心身を托した乙は無事に助かった。一は相対の世界に、一は絶対の世界にあって、その法則のまにまに結果を見た。

一切は法則であって、運命ではない。相対の世界には、相対の法則が働いて、人を燥焦《そうしょう》から燥焦へ、分裂から分裂へと導くが、絶対の世界には、絶対の大法則が働いて、最善と超越の生が展開する。

相対の世界で死ぬことは不幸であるが、絶対の世界では死はなく、すべてが大法則のままに働く。

○

相対から相対へ分裂した国民は、内治においても外交においても、絶対的立場をとることが出来ない。絶対的立場、・・・すなわち神ながらの道を失う国民は、国家の法則に滅んでしまわなければならない。

二九　大統の法則

思索的にも、実際的にも、対立範囲に行き詰まった人類の上には、黄昏の闇が襲ってきて、希望も、幸福も、美も消えかけている。哲学も、教育も、美術も、音楽も、文学もこうしてすべてが行き詰っている。

○

しかしその範囲を超えた自由の世界を、微かながらに瞥見《べっけん》したならば、失われた希望も、幸福も、美も取り戻すことのできる生の勇躍を見出す。

○

人間の道徳的内部性質には、外部客観的の己の利益に多少の反抗を必要とする内部認識が光っている。しかし、その内部認識を煌明たらしむるには、無意識界に伏在する本質を呼び起こして、超越の世界に飛躍しなければならない。

超越的内部経験は、道徳生活の一大生命である。超越的内部経験を無視したマルクスの思想は、カーライルが言うように、「馬に馬車を引かせるのではなく、馬車に馬を引かせることと同様な思想である」

美も、愛も自由も、超越の世界において在る。

「超越の大気がある。吾らが真に愛し合うのは、その大気の中においてである」と、メーテルリンクは言ったが、また、「超越の大気がある。美はその大気の中においてのみ観照される」と言わなければならない。実際生活の中にも、その大気がなかったら、ただただ客観的形式の膨張《ぼうちょう》をもって成功とする盲動に囚われて、永遠の法則から吐き捨てられなくてはならない。

○

生命は思惟を超越している。一定の範囲を作り出すものは、生命ではなくて思惟である。概念化された思想は、いわゆる法律であって、生命ではない。

「我等は法律のために生きるのではなくて、法律は我らのために在るのだ」とイエスは喝破《かっぱ》している。

我らの常識生活や普通意識は、一定の特殊目的のために、大統の実在から切り放たれて、一定の範囲に囚われたものである。

○

ベルグソンがこう述べている。

「知力によって人生を説明すれば、生活の意義をあまりに局限する。我々の知力というものは、進歩の道程において習慣づけられたもので、さらに大なるものから切り離され、または一定の平面上に必要上拡成されたものに過ぎない。かくして救いと深さの二つを有する実在そのものではなくなっている。

知力も物質性も、逆数適合によって、細かに組織だてられている。共に、さらに広く、さらに高い存在形式から演繹《えんえき》したものである。

本来知力は、広大無辺な実在から出てきたものであって、知力と実在との間には、明瞭な区別はないものである。一切の概念的思想には、その起源を偲《しの》ばせる不明瞭な縁《ふち》がへり取られている。知力を細胞核に例えれば、その周囲の液体と判明に区別すべきものではないようなものである。細胞核は、周囲の液体と同質のものであるから・・・」

○

「知力は逆数(数1／α)適合によって組織だてられたものである」とは、知力を低級な範囲に形式化しているという意味である。高尚なものを低級なものに堕落させると、高尚なものの意義が分かる」ということが、逆数的になった今日の一般の堕落思想である。

○

ベルグソンはさらにこう述べている。

「君たちが説明しようとしているのは、認識がどのようにして起こるのかということではなく、どうして認識が局限されるのかということである。それであるから、全体の面影を捉えることが出来ず、君を喜ばすものの面影を現すに過ぎない」

○

「自分を喜ばせるものを真理であると思うのは、認識の誤謬《ごびゅう》である。認識の誤謬は、人体の綜合調和を破って、宇宙大法則の旋律のままに生きる人間の性質を亡ぼす」と、兼子氏は度々繰り返して説いた。

○

近代思想はこういう風に、逆数適合となり、局限された形式になって、我々に真理を教えてくれない。我々は、その逆数適合を破壊し、その局限化された牢獄を打ち破ってどこに宇宙大統の神を拝むべきか。

我等は絶対者に向かって神よと呼ぶ本能を持っている。神を求める吾らの本能は、対立的欲望をはるかに超えた自我存在の荘厳性である。分立を超えて綜合調和の世界に憧れる絶対本性である。

我等は、この荘厳性、この絶対本性を以て、いかなる神を拝むべきか。仏教に行ってこれを求めるべきか、キリスト教に行ってこれを求めるべきか。我らは従来のあらゆる宗教が有する神秘的表象の前に、心から膝《ひざ》まずいて礼拝することが出来なくなっている。

それでは何を拝むべきか。

自分たちは、宇宙と関係を有する人間の永遠な性質に現れるものを神と呼んで礼拝する。幽玄な人間が、無限の性質を顕現する。・・・その神人合一の一線の上に我らは跪《ひざまず》いて礼拝する。そして吾自らが神となった荘厳に、礼拝の事実を内観しよう。その時、我は宇宙大法の顕現として起《た》つ。我に認識の過失なく、我に一切通達の最勝尊《さいしょうそん》がある。

三〇　日本は美と共に興り美と共に亡ぶ

―　兼子尚積の美の文化史的予言　―

菱田春草の絵、「落ち葉」以後、明治以来今日までの作に、私は真の美を観照し得た作品に巡り会はない。

フランスあたりの画風が年々模倣されるかたわら、日本の版画が西洋にもてはやされた影響を受けてか、油絵から日本画に帰ってくる人もあった。その他、日本画に終始している人も幾人もいる。しかし春草の「落ち葉を見た」ときのショックと、透明ななつかしみに映え行く観照の世界に、しみじみと心にしみたあの感じ・・・それ以上の天籟《てんらい》(非常にすぐれた作品)にふれたためしが、私にはそれ以後一度もない。

毎年毎年、幾多の美術展覧会が開かれるが、どのような作風、どのような特色に接したところで、純粋な観照の世界には、落ち葉一つの音づれも見出せない。何を画いたのやら、芸術の王国に反逆した性質のものをさえ見つけられて、顔をそむけずにいられなかったことさえ度々ある。

○

美術ばかりではない。文学においてもそうである。硯友社《けんゆうしゃ》一派の小説が廃れて、二葉亭四迷が、ロシア文学を紹介し、続いて自然主義の作風が一世を動かした時代を通って、さまざまな小さなイズムや、特色があらわれ、今もなお、芸術として内容空疎なプロレタリアート文学というものが、論壇に後を絶たない時代である。

人生を科学的に冷ややかに見た自然主義の文学の中から、まともなものが生まれてこないことは、言うまでもないことだが、観照の純粋性なき、対立精神の持ち主等が団結したからといって、決してそのような団結の中から、真の芸術が生まれ来るものではない。

真理は孤独の悲哀に徹しなければ生まれてくるものではない。対立抗争を標榜したプロレタリアート文士の団体は、対立的の固執をもって美と心得る盲者である。

○

今日の文学は、無意識界に抑圧されているコンプレックスの悪支配を受けた病的なものばかりである。

現代人は、無意識の病気を持っている。純粋洪劫《こうごう》(おおいなる存在)の大気を失って、偏執した時代的な隠蔽《いんぺい》物を持っている。それがいつはりなく、文学や美術にあまりにも露骨に現れている様は、むしろ悲惨である。

私は人を見て、この人は腸が悪い、血圧が高い、肩が張っている、胃が悪い、腎臓が悪い、いやこの人はリューマチであると、たいてい判断がつく。ちょうどそれと同じように、美術や文学に現れた病理の相が目についてならない。

ドイツ人のフイッシェルやアメリカ人のライトが来てみても、日本の現代には一つとして、日本人でなくては描けないというものがないばかりか、外国模倣の変態的作品あるいは、大衆に媚《こ》びるような作品で、目も当てられないと言った。

○

美の滅亡は、国民の本質的滅亡を意味する。これは恐ろしい事実である。

利休を殺した秀吉は、芸術美のさびにも亡んだ。第二の遠征途中で、秀吉は肥前(現長崎・佐賀県)の名護屋で身まかり(死に)、その子孫に天下統一する縁がなかったのは決して偶然ではない。桃山御殿は豪奢であったろうとも、しぐれ唐傘の四畳半は素朴な茶室で、「茶は好め、器は好くな、めげ茶碗一つにて事足りぬべし」との内観に、秀吉は天下を統一する力を体認し得ていた。しかしさびに亡びた秀吉は怒り猛った。怒り猛った秀吉は、純粋洪劫《こうごう》の大気から抜け出て、固執された一部の対立的な強さに全人格を任せ切った。その張りつめた力は、いつかはもろくも砕けなければならない。神の前に砕けて救はれるか、死の前に砕けて一生を終るかである。秀吉は後者を選ばねばならなかった。

○

光悦や宗達や乾山の柔らかな線のさびと、さびに包まれた時代の相がなかったなら、徳川時代の人々は、どんなに堕落してしまったか分からない。それと同じものが、中江藤樹にも、山鹿素行にも、佐藤一斎にも、西郷隆盛にも、勝海舟にも体認されていた。熊沢蕃山の力も、大塩平八郎の涙も、大石良雄の徹底境も、由井正雪の力量もそれにほかならなかった。

○

和らかに冴えた緑、それとさび・・・

「そのようなものが近代人に何になろうか」と言う人があろう。活動写真(映画)が出来たり、大げさな宣伝広告をしなければならないほど刺激を要し、価値批判に亡んだ時代では、まことのものが見捨てられなくてはならない。

○

現代人は、昔の武士のように槍や刀を持たない。しかし槍や刀の代わりに、鋭くとがった固執を精神的に作り出して、不安の中に戦いの敵意を隠している。このような現代人は、美の世界に反逆した子らで、その思想が矛盾と滅亡を現しているように、その生活様式も、芸術も滅亡の兆しを現している。

○

芸術上のまことの美は、生活や、人格や、社会相と分離して生まれ来るものではない。敬虔ならでは、まことの美は生まれてこない。

ミレーの絵を見ると、すべてが俯向《うつむ》いている。人物も羊もみんな俯向いている。都の画壇を去って、田園の地上に俯向いていた貧しい画家の体験が、画面にちゃんと現れている。

ミケランジェロの絵や彫刻は、むくむくと筋肉が盛り上がって、線が全て張り切っている。しかしどの作品にも何ものか最後のものがぬけている。モーゼの像を見ても、あの立派な体格と筋肉と髭の間に、脱《ぬ》け去った空虚なものがある。その作品は、すべて腕が実しているから、頭部が虚して、外的の力と内容の力とが一致しない物足りなさを思わせる。アダムとイブを見ても、筋肉の写生以外に意味がなく、ダビデを見ても、ゴリヤスを殺した力と、詩を賦した趣が全く抜け去っている。それは作者が固執した我癖《がへき》を持っていた何よりの証拠である。(注:兼子氏がミケランジェロ最晩年のロンダーニのピエタ像を知っていたら違った見解になっていたかも知れない)

〇

徳川時代の農民には、誇張の必要がなかった。彼らは雨風列日の中に、農民らしい力を養っていった。その生活にはさびがあった。茅葺《かやぶき》の家から、赤銅《しやくどう》の筋肉、言葉の使い方、応接のしぶり・・・すべてにさびがあった。そのもの静かなさびの中に包まれた力の偉大さを、今の農民は持っているか。私は全国を旅して、幕末の武士が百姓となり、多くの困難と闘って磽确《きようかく》たる(固い石ころだらけの)やせ地を沃土となした実例を幾つも聞いている。今の青年農夫にこんな力が出て来るか。

その力が、同じ時代の画家たちの心にもあった。だから彼らもまた、何等の誇張もなしに、持ち合わせた技量のわずか過半をほの見せて、光悦や、宗達や、乾山の芸術をつくりだしている。百姓も芸術家も、一脈相通じる無意識界の大気に浴していたのである。

〇

今や日本は、過去の日本が生み出したさびの美に亡んでいる。今日の芸術は、その母地を棄てて、外国の土壌に花を咲かせようとし、今日の日本人は、また一般的に、外国文化の畑の中に生きようとしている。かくて本来的の美と共に力に亡んだのが、現代の日本である。

さびに幽玄なまことと、三藐三菩提《さんみやくさんぼだい》の丈夫心を観照した芭蕉は、永久に懐かしい。豪奢な桃山御殿に、ささやかな四畳半の茶室を営んで、天下の英雄をして、静かに本来の生活を味わしめた利休は懐かしい。

何物も所有せず、何物も誇張せず、わが身の貧しさを知らず、あらゆる名刀よりも冴えた線を描き、蒼空《あおぞら》のような墓の彼方に死んでいった乾山の透明さは懐かしい。

現代では、彼らが住んでいたまことの世界から、新たな誠のものを生み出さなければ、精神はますます根が枯れて行くであろう。

○

「意識は種々に妄執す」と、『大乗起信論』に言う。意識より確実に、意志界よりも偉大なものは無意識界である。今の日本人は、無意識界の背景を失っている。伏在的な力を失った現代人は、本質に生きることが出来なくて、模倣か、しからざれば、固執する己の我と客観世界との対立生活よりほか、何ものもなくなった。

かくて、一身の大極を失い、大極の別使・・・三焦の力を失って、体質の不自然と共に、精神的にも不自然になって、文明の窮迫を見出しているのが、現代の日本である。

○

失われた無意識界への探究、精進、失われた絶対への帰依、信頼。一微塵に盡十方無碍《じんじゅっぽうむげ》の世界をつかむ荘厳・・・

日本がいま最も必要とするものは、それら天籟《てんらい》の本質を具えた救世主である。

新しき救世主もまた、キリストのごとく、平和の君で、超自然の偉大な力を持つ。

三一　日本に与う

日本人で日本のことを知らない人に・・・ライト

さびはしぶみに通う。さび、しぶみに内在する日本の本質は、深刻な綜合統一力である。それは小にしては日本建築に現れ、大にしては歴史の上に現れている。さび、しぶみについて、有名な建築家フランク・ロイド・ライトが言った言葉を左に挙げよう。これは同氏が帝国ホテルを建築した精神である。

○

「まことの芸術は普遍的である。現に生きている者も、すでに死んでいる者も、すべての芸術家は兄弟である。ただ自分はたまたまアメリカの建築家として生まれ、他の人たちが、あるいは日本、あるいはフランス、インド、イギリスの建築家として生きているというまでである。

　自分は日本古代の建築精神が、現代の新しい手法で、いかに表現しうるかを示そうとするために、日本に来た。否、単に表現し得られるというにとどまらず、むしろ、日本の建築家が、たびたび外国に行って、模写してくる枯死した形式よりも、はるかに生命に満ち、生活と密接な関係を保つということを示すために。この精神で、自分はホテルを建てた。いかにも日本らしく感じられ、日本らしく見える建物、全体と細部とを検《しら》べてみれば、誰にもわかるように完全な建物である。決して間に合わせの建築ではない。

　新帝国ホテルは、単に日本の建築という意味で設計したのではない。これは芸術家が、日本に対するしかもその特質において現代的であり、かつ世界的な貢献であるという意味で設計された。

　この建物を見れば、何かしら日本らしいもの、中国らしいもの、あるいはどこかの古代の建築らしいところがある。しかしその形式も、模様も、工夫も、一つだって他から借りてきたというものが見当たらない。

　要するに、旧き日本に敬意を表しているという一事につきる。

　この建築の中に、建築のもっとも現代的な自覚された思想が盛られている。すなわち、有機的な統一《インテグラル》の美としての芸術作品、――単に外より取り付けてでき上がった美や、美しいから付加したというような美感ではなしに、内容の発露による美の芸術ということである。
したがって、手段と目的の融合、各部の全体に対する有機的関係、あたかも大自然の表現に似たものを、この建築の至る所に発見するであろう。現実の必要が有機的全一の内容を立派に表現したということになっている。

なるべく、簡素な材料をむしろ手軽に用いている。というのは、思想及び形式の特性の方が、材料の品質の詮議《せんぎ》よりも大切だと思うから。現在の所で、これだけの大きな建物に双方を合わせ望むことは無理である。

日本の工人は、まだ石造建築に訓練されていない。したがって施工が粗になるのは止むをえない。絹の刺繍というよりは毛氈《もうせん》、繻子《しゅす》よりは手織り木綿といった風で、日本の趣味としては多少荒削りに過ぎるかも知れない。事実この建物は、その毛氈である。レンガ、石、銅、コンクリートを打ち混ぜて、鉄筋を編み込んだ大きな毛氈と見ればよい。

自分が知っているところの工業的な設備や方法を離れて、遠くこの困難な事業を引き受けた時、自分はこう思った。「日本は助けられなくてはならない。日本にはほかの助力がいるんだな」と。何となれば日本人はその在来の生活の旧套を脱いで、自分には理解もできない他国の形式、それも、かつてはそれらを生んだ文明の残滓《ざんし》に過ぎないものを輸入しているからである。

東京広しといえども、日本人であれ、西洋人であれ、建築を理解したつもりで建てた建物、あるいは、建築と名のつく代物、どちらでもよい。その一つでも真に日本に対する愛を現していると言い得るものがあるか。

彼らはいずれも、まずい手本をまずくまねた、まずいまがいものである。日本とは何の交渉もない、極めて奇怪な、日本の建築としてみれば全くお門違いのもの、一瞬たりとも美の魂が住んだことのない空虚なみっともない死骸を模倣したものである。

日本――その淵源を古代中国の遼遠《りょうえん》に遡《さかのぼ》る日本は、確かにほかの国よりもさらに優れた天啓の源泉を、自分の中に宿していたに違いない。中国の建築様式の中にも、もっとも溌剌《はつらつ》として、もっとも崇高な様式がある。そして日本はその流れを汲んでいる。

日本は終始一貫、日本の必要を見て、この建築をなし終えた。しかし自分は、いわゆる日本の建築家が持っている観念はことごとくこれを破棄してかかった。・・・

日本人は、空虚無意味な模倣に気づいているとは思えない。彼らはむしろ模倣に惑溺《わくでき》している。本物の進歩を招来する努力は、必ず大法の中軸がある。大法こそは、真に研究し、真に把握しなければならないもの。一旦把握して、自らが大法の主になれば、結果は当然産まれてくる。

日本の建築家に欠けているのは、すなわち、この大法を把握しようとする努力の無いことである。大法の把握がない限り、日本の現代生活は混沌を脱することが出来ず、皮相なものに堕落せざるを得ない。全日本は、むら気と出来心に左右されるほかにない。・・・

直截簡明《ちょくさいかんめい》の純粋美は、いつかは真善の光輝を放つものである。しかるに日本人は、いたずらに奇を追うになれて、直截簡明の純粋美を無視しているのかもしれない。・・・

わがこの芸術によって、意識的に現代生活に活動しようとする理由は、有機的渾然性としての美観である。換言すれば、これを造り、これを建てたのは、人間であるというのだろうが、実は神がこれをなしたのである。

人間の魂の所産は、木が果実を結ぶようなもの。梅が梅の実を結び、ブドウがブドウの実を結ぶようなものである。人間の作品も、本質的、有機的でなければならない。・・・植物はよくその実を結ばせようとするには、培養《ばいよう》の必要がある。人の魂の果実、すなわち良い作品を作り出すのもまた、教養にまたなければならない。良い作品とは、美なる統一を実現することである。日本もその本質理解に基づいて教養され、本来の発達を促されたならば、やがて再び、実を結ぶであろう。

芸術は国境を持たず、時と所とを超越する。あらゆる偉大な作品は世界のものである。しかし時と所と周囲とは、また、個性を形成する。これは不滅の原則で、梅は永久に梅、ブドウは永久にブドウである。その犯すべからざる原則を畏れるがために、イチジクの木に梅の枝を接ぐことをしない。・・・個性は統一の大法を証拠立てるもの、我々が真なる生活をすれば、必ず個性が生活に現れる。個性を無視すると、生活は吾がものではなくなって、我々はすたれてしまう。

神人合一の境地に達するのは、人がその事業と個性をもって人生最高の域に達しようとするからである。我々は個性を通して、個性以上の世界にぬきあがる。大法の原則に服従してのみ成り立ちうる。

我々は真理によってのみ生きる。渾然性によってのみ生きる。我々が真に生きるのは、渾然性と、純粋我によるのみである。

貰《もら》いものではだめだ。借りものの妥協で何が出来ようか。間に合わせものが何になろうか。しかるに人類は、絶えず一本の木にほかの木を接ぎ木して、見当違いの果実を求めてきた。・・・

日本の美術は渾然性を失っている。まるで感傷性の堕落である。・・・生命を大法によって導き、荘厳にしようとするのか、そうでなければ、日本の特性を軍国的卑小にならすのであろうか(注:この書が発行されたのは、昭和四年である)。模倣の楽の方に堕落して、無気力、不徹底させて行くのであろうか。・・・

日本がよくこの深淵を渉《わた》ることが出来るならば、真の日本が自己を見出し、自己を発達させた時である。日本が本来特有な表現に到達し得た時である。しかもその本来的なものは、さらに普遍性において深まり拡がって、我が精神に自覚を現したときである。新帝国ホテルは、この混沌下の日本に対する同情の賜物である。「日本の古きに負うところの多い一人の芸術家が、報恩の意味で、日本の建築界に捧げるものである。同じく建築にたずさわる日本の諸兄が、これによって幾ばかりか、その個性を発見する一助になればと願いつつ。日の出あり、落日あり。要するに進歩か退歩かその一つあるのみ。一国の生命にあっては、一世紀はまさに一日である。変化はいかに激しくとも、真の進歩はまことに遅々たるものである。日本にひるがえる日の丸の旗、誰か知る昇る朝日か、沈む夕日か」

○

以上がライト(注：Frank Lloyd Wright 1896−1959 アメリカの建築家、東京の帝国ホテルや自由学園の校舎・明日館を設計)の言葉である。荘厳なほど深刻に事実をえぐっている。しかし私はライトに言う。「君は現代のまことの日本を知らない。まことの日本は伏在して動いている。まことの日本人は家屋を持たない。まことの日本人は資本家でもなく、資本家に雇われる者でもない。まことの日本人は、無所得の行者で、君が知っているよりは遥かに深く日本を招来する大法の霊に燃えつつ、新聞紙上や街頭にその姿を見せない。再び来たって、まことの日本人である我らを見よ」と。

○

ライトが建築した新帝国ホテルの建築は、建築学上から、まことに完一性を表現している。大正一二年の大震災に、皿一つも壊れなかった完一性は、まことにライトが自負した通りである。その完一性にしぶみを表現させたところには、日本らしい透明さを感得する。

ところが、同建築に向かって、「気まぐれな建築物」とか、「幽霊」だとか新聞紙上に批評した人があるそうだ。日本人か、外国人か分からないが、ライトはそれに応える一文を書いて送った。次にその一部を抄訳して見よう。

○

「新帝国ホテルの全体に表現された眠れる武士の力は、お世辞笑いの虚飾とは、まったく思想感情を異にした別世界である。新帝国ホテルは、東京におけるアメリカ建築の一例ではない。またアメリカ建築と同盟したホノルルの建築でもない。新帝国ホテルは、横も縦もまったく日本の伝統をもって、日本の材料で建てられたものである。断じて軽率なものではない。・・・

渾然として統一された国家を愛するがこそ、建築家が貢献した建物である。最初に一見したときに誰も好感を持つことはないかもしれない。しかし科学的芸術として建築学を研究した者ならば、やがては、全体的意志の調和的有機性質にうたれ、教えられ、喜ぶであろう。そして何人《なんぴと》も、これを素晴らしい覚醒だとして、良心的に永く賛美するであろう。

優美にして近代的な新帝国ホテルは、原始的な力を持っている。その性質は、日本人の言う渋い感じである。すなわち最初は人好きしないけれど、再び訪ねてきて見れば、心を悦ばせ、さらに帰り来ること十回になれば、愛せずにはおけない。

新帝国ホテルの形態には喜びの力がある。泥のしとね(床)にがっしりと立って、大震災に打ち勝つ力の悦びが。人は最初、それを好まないかもしれないが。再び、またしばしば行って見たら、愛せずにはいられない。

渋い！　東洋的な外見のもとに深く潜む東洋的魂——その神秘的な静けさ。これが東洋が知っている人類最古の教養経験の果実である。アメリカ合衆国は、その噴出する息吹の前にひざまづいて、それによって貴尊の感化を受ける。泰西(西洋)の天賦にしてこれに並ぶべきものがない。虚謙であるこの実こそ、真実を訴えるもの。

新帝国ホテルは、旧日本に対する真実さをもって立っている。それは、古代の深みに眠っている真理を語る。・・・原始の力によって尊くされているから、真理を求める者には細心の感じがある。新帝国ホテルは、進歩の中心線の上に立つ開拓者、比較的狭い空間に大きな便益と美とをもつ秩序の調和的完成美を備えているからである。

新帝国ホテルは、愚の証拠ではない。いな、愚に反抗する結論の証拠である。・・・建築における真実さは、人間の思想感情を表現する哲学や一切の芸術と同じである。偉大な芸術は、少数の人にのみ経験される内部経験であるが、芸術上の真理を組織する者は、人生そのものの心理と同一である。

利己主義によって人々は次第に起源から遠ざかり、内部経験から遠ざかって、ついには原則の声が聞こえなくなる。真理は貴尊な内部経験で、法令ではない。・・・
建築の芸術については、アメリカにおいても、日本においても、高明な批評を必要とするのは言うまでもない。・・・」（注：現在帝国ホテルは愛知県犬山市の明治村に保存されている。）

三二　兼子尚積と神道

―大黒柱と関捩子《かんれいす》―

足の裏が暖かで、頭は冷たい。・・・だから烈日に照りつけられても、寒風にさらされても何ともない。何ものにも気にしないが、心は澄んで明らかである。
胸はカラッポで、丹田には鉄石の力がある。・・・だから一見ボーっとしているように見えるが、内では明らかで、発すれば金石も通る力が出てくる。何ものにも盲動しない。何事にも判断を誤らない。殺せば活かす。そして一切をはぐくむ。
その深さ・・・
その静けさ・・・
しかしその深刻な明敏さ・・・
これがまことの日本人である。

○

足が冷えて頭が痛い・・・だからすぐ風邪をひく。すべてのことが気になる。心は雲って重苦しい。胸に一物があって、臍《へそ》の下には溝《みぞ》がある・・・だから神経過敏できりきりしているようだが、うちには暗く、何をやってもうまくいかず、すべてのことに盲動し、何事にも判断を誤り、他を殺して自己を滅ぼし、一切をはねつけてしまう。
その浅さ・・・
その焦燥《しょうそう》さ・・・
その浅薄な苛立《いらだ》たしさ・・・
これが亡び行く日本人である。

〇

丹田に力をこめ、呼吸が一つになった時、手のひらを握ってみる。過度に強くはなれない。さりとて弱くもない。この中庸の力が、天下の大道。ひとたびこの力が発して節に当たる姿は和である。平和である。優しい。誇張もなければ、惰気もない。それが美術に現れて、宮本武蔵や乾山あたりの書となり、弘法や良寛あたりの書となった。

優しく和らかなようであるが、内には無限の力がある。一切に通達する霊が内に盛り込まれている。

これが、まことの日本の姿である。

〇

まことの日本の姿は、その昔、出雲大社の建築にも、伊勢大宮の建物にも現れた。素朴な丸木づくりの日本建築・・・一切の部分が組み合って渾然と一なるものを造りだし、その中心に大黒柱が立っている。大黒柱がなくとも家は建つ。しかし大黒柱があれば、建築の綜合支点が安定して、丈夫なことは無類である。とても、鉄筋コンクリートや、レンガ建てや、石造りの建築の及びもよらないところである。

素朴で永久性がある・・・そこにしぶみとさびがある。

しぶみとさびには秘せられた力がある。組織だてられた力ばかりでなくて、組織を超越して、組織を活かすものがある。建築にはそれが大黒柱、人体にはそれが丹田、生命にはそれが関捩子《かんれいす》。

○

大黒柱は神道の精神、関捩子は禅の奥義・・・この二つが合してさびとしぶみのうちに内在する日本の本質が育てられた。すべて偉大な日本人は、さびとしぶみを持っている。さびとしぶみのない人生は、凡庸浅薄、模倣、気まぐれである。

○

しぶみに純粋美を観じた日本人は、どこへ移り住んでも、「高天原《たかまがはら》に千木《ちぎ》高知り、下の岩根に宮柱太しき立てて」住んだと言っていた。

自分が今頃に住むところを高天原と観じた日本人は、生活を絶対荘厳する内観力があった。そしてその生活環境にしぶみが顕れてきた。

しぶみは絶対荘厳の内容がしみ動いている。

外部を改造しようとする意気込みは盛んだが、戦いを超えた神人の絶対力を内観し、体験する人は、今頃、徐々にいなくなるばかりである。これを売国奴という。精神的日本の売国奴である。

○

しぶみに表象された不死の神ながらの道が、さびに表象された不滅の仏教と触れ合って一つになったのは自然である。

○

「われ真なるがゆえに、盟神探湯《くがたち》・・・熱湯の中に手を突っ込んでも、やけどどころか、神われに住み給うゆえに、見よ、この超人の力を」というのが、しぶみの美を持っていた昔の日本人であった。その力が、柱杖日月《しゅじょうじつげつ》を支える（『正法眼蔵』に「仏向上事とは、一本の柱杖《しゅじょう》がその頂点に日月《じつげつ》を掲げるもの」とある）禅や、即身成仏の日本的仏教を造りだして、関捩子を養ったのはもっともなことである。

○

一切を綜合するのは、日本人の本質であったから、天神と地祇《ちぎ》(国土の神)とが人間と一つになって、神国の基礎を固めた。見えざる天神と、地祇する完一生活の力になすことが出来た日本人は、世界統一の力を持っていた。・・・

○

神道は、お祭りや布教のような近代的なものではなかった。神に随《したが》い、神になる生活が神道であった。一切を容《い》れ、一切を敬し、一切に附し、一切を清浄にしつつ、各個人の純粋性を活かし、生々発展し、八十綱の引き寄せるように、一切を中心に引き寄せて、拡がり拡がりつつ、衷《うち》なる本質を生きるのが神道であった。

この民族性なくして、一切のよきものは日本に育たない。仏教はこの民族性に迎えられて、純粋に民族化した。天台、真言も、禅も、そして日蓮や親鸞の信仰も。

○

聖徳太子は神道の敵のごとく、本居宣長さえも考えていたが、決してそうではなかった。推古帝の十五年に太子は、天皇の御名によって左の詔を下し給っている。

「朕聞く。むかし我が皇祖天皇等世を宰《おさ》め給えるや、天に跼《かが》まり地に蹐《ぬきあし》まして、敦《あつ》く神祇を敬い、普く山川を祀《まつ》り、幽《かす》かに乾坤《けんこん》(天地)に通《かよ》わす。これをもって、陰陽明け、和《やわら》いで造花(天地)共に調《ととの》う。今朕の世に当たって、神祇を祭祀すること、どうして怠るであろうか。ゆえに群臣共に心を竭《つく》してよろしく神祇を拝すべし」と。

聖徳太子は日本の純粋な魂に仏教を融合されたのであったればこそ、五重塔には、神道の透明性と力が現され、飛鳥朝の文明には日本洪劫《こうごう》の(永遠の)純粋な本質が輝いていた。熱田神宮には、法隆寺の守護神を祭ってある。

仏教渡来この方、仏道修行の土地は、大和の葛城、金峰、加賀の白山、紀州の熊野のごとく、神道の霊化によって仏道を修業していたものである。日本の神祇は、仏教の健全な発達を守護してきた。聖武天皇朝に、大仏の建立がされるや、宇佐八幡の御守護を祈られた。工成るや、八幡宮を奈良に報恩を深く附しておられる。またその後、宇佐八幡には、弥勒寺が建てられて、僧侶は神社の神に仕え祀っていた。

○

天台宗延暦寺には日吉神社が祭られている。最初に開祖・伝教大師は、実に神道の基礎の上に仏教を起こしたのであって、それは山王一實の神道と言われている。すなわち大師は、比叡山に昔から鎮座したもう日枝神社を本地である釈迦の垂迹《すいじゃく》であるとし、称えて山王権現とし、大巳貴命、日枝神、応神天皇を山王三聖として崇拝し、法華経をもって国民を護ろうとされたのである。一實神道とそのために呼ばれるに至ったのである。

弘法大師もまた、神道基礎の仏教を広めた。大師は驚くべき神霊家で、神を見、神と語っていた弘法大師は、神の宣託によって、高野山に金剛峰寺を開いたのであった。大日如来は天照大神で、日本はその本国であるとは弘法大師の信仰であった。

「和光の霊威を受け、諸波羅密《はらみつ》を修行して、諸仏の通相を蒙り、般若《はんにゃ》の心宮に遊びて大日本国に生まれ、・・・大日霊尊(天照大神)に照らされ、心地の運を開き、加持を被《こうむ》りて動ぜず。ともに三世に法界大悲の門に入り、正覚正智の鏡を磨き、一生補処に座して、金剛加持の法界を得。憑《よ》るべきかな神道の秘伝 ―― 神妙体を開き天然際なし ―― 凡聖皆神体なり」とは、弘法大師の告白である。

日蓮の題目、親鸞の称名は、純粋素朴、直截簡明にして、言あげしない日本の本質、神ながらの道から生まれてきた独創のものであった。道元の禅は、和光の霊感によって、純日本的になった神ながらの道の禅である。

こうして、神ながらの道に、仏教が融合して生まれ出たものは、仙人の道ではなく、柱杖日月《しゅじょうじつげつ》をささえる力、日本を指導し、文化を生み出す力であった。

さびはそこから出てきた最高の道徳と、霊的精進を内容とする本質的の美である。さびに亡びる日本人は、最高の道徳と、霊的精神に亡びなければならない。

物質生活にあって、霊的生活無き現代には、大法の顕現なく、純粋なる自己の文明を創造して、全人類に通じる無碍《むげ》の大道をつかむことが出来ない。これなくして、いわゆる改造は形の上の変化で、本質的発展ということが出来ず、本質的退廃と共に、その美観はますます堕落して行かなければならない。

○

「さびとしぶみの中に伏在する日本人の永い永い鍛錬力と、霊的飛躍力とに帰れ。その深い内部経験に帰れ」

予言者はかく言う。兼子氏はその予言者である。

三三　尚積随筆抄

父と子供が驢馬《ろば》売りに出かけた。すると向こうの方からやってくる娘たちの一群がしきりに笑って何か言っている。

「馬はただ歩かせて、親子ともご苦労さんね」と言っているのじゃ。そこで、父親は息子を馬に乗せて、自分はそのそばについて行った。

すると今度は、道端《みちばた》に集まっていた老人たちが何か語り合っていて、その中の一人がこう言いだした。

「だからさ、俺《おれ》が言うことじゃ。見ろ、あそこに親爺《おやじ》を歩かせて、自分は馬に乗っている息子がいる。昔のことを軽んずる今頃の人間の様子はあの通りじゃ。おいこら、親不孝者、年寄りに楽させてやらんか」

そこで、親父は息子をおろして、今度は自分が馬に乗った。間もなく親子は、女性の一群に出会った。すると、その中の一人がこう呼びかけた。

「まあ、ずいぶんのんきなお父さんね。可哀《かわい》そうに小さな子に歩かせて、自分だけ悠々と馬に乗っているわ」

人の好い父親は、このように言われたので息子を自分の後ろに乗せた。町近くまでやってくると、一人の町人が、その様子を見てこう言った。

「それはお前の馬ですかい？」

「そうです」と父親が答えた。

「可哀そうに、自分の馬をそんなに虐待《ぎやくたい》しなくて、二人で担いで行ったらどうじゃ」

こう言われると、親子は早速馬から降りて、馬の四肢を縄で縛り、二人して担いで行った。すると向こうから、人々がどやどやと笑い興じて見物に来た。馬はびっくりして、跳ねまわってドブンと川の中に落ち込んだ。馬商《あきな》いどころではない。親子はすごすごと家路を指して帰らなければならなかった。

＊　＊　＊

イソップ物語の一番終りに、こんな話があった。

相対的なマルクスの思想がこれだ。そのようなものに哲学の原理はない。本質的に大法を把握することが出来なければ、真理とは驢馬《ろば》売りの親爺と同じことになる。・・・
○

今朝、雨が降っていた。
眼が覚めた時には、雨のしとやかな懐《ふところ》から生まれ出たような、瑞々《みずみず》しさがした。ジッと、雨と我と溶け合ったような心に浸っていたら、草の芽の萌えいずるように、四〇年前の心持ちがよみがえってきた。
山村で、雨の音に無心に聞き入っていた幼児の日ののびやかさ・・・
山が雨に煙って、清涼宙に充ちた時の幼児の心・・・
幼児の時分に持っていた天地を失って、またその天地を取り戻す。これが人間の一生である。・・・

〇

われ天を師とし、次に人を師とし、次に経《きよう》を師としてここまで来た。

二十年前であった。一日八時間づつの静坐内観が三ヶ月続いた一夜、忽然《こつぜん》として肉体的な意識を失い、明煌々としたアーク灯のような流動持続の活力が現出した時の急激異常な変化。その間一髪、自己是宇宙、宇宙是自己のかすめられた豪壮爽快《ごうそうそうかい》のまこと。

爾来《じらい》、その道に生き、大確信と精力の充実に蔽《おお》われ、斃《たお》れるべき我に、今や、永遠の生命が流転する。天地位し、万物育するの中和に生かされる天命を謝《しや》す。

〇

大なるかな、聖人の道、洋々として万物を発育し、峻《しゆん》にして天に極まる。(中庸)

〇

人間の性質から、永遠の霊の深さに向かって開けた世界を、しみじみ今日も眺めた。・・・

〇

起《た》ち居振る舞いは形よりも美しい。

起《た》ち居振る舞いは肖像画よりも美しい。

起ち居振る舞いは最も優れた芸術である。

円融無碍《えんゆうむげ》の永遠が淀《よど》みなく動き流れているからだ。・・・

〇

どのように見ても検《しら》べても、永劫に分からないものが残される。見るのではなくて、見えるようになれば、観察や解剖以上のものが分かってくる。・・・

〇

「アッシジのフランシスのように、気狂《きちがい》のように出家しなくてもよい、そのままの君の生活に大極を見出せ」と今日H君に言った。

〇

H子が来た。雨が降っていた。

抹茶《まっちゃ》茶碗に茶をたてて勧めた。

十分、・・・二十分、・・・三十分沈黙が続いた。一掬《すく》いの茶に天下恭敬《きょうけい》の心を覚えれば、胃病は治ると言ってやった。今日は胃の調子が大変いいと言って帰った。

〇

(佐藤)一斎先生にいう(佐藤一斎は江戸末期の高名な儒学者)。

「人すべからく快楽を要す。快楽は心に在って、事にあらず」

「胸次清快なれば、則人事百艱《ひゃくかん》(多くの困難)も亦阻《そ》せず」(はばむものではない)

「人心の霊は気を主とす。気は体の充つるなり。凡《およ》そ事をなすに気を以て先導とせば、則ち挙体《きょたい》失措《しっせき》なく(行いに落ち度がなく)、技能工芸も亦《また》みな是《かく》の如し」

「霊光障碍《れいこうしょうげ》なければ、則ち気の流動餒《う》へず。四体軽きを覚ゆ」

「英気はこれ天地精英の気。聖人これを内に蘊《うん》し(内に蓄え)、あへてこれを外に露《あら》はさず。賢者は則ち時々これを露わす。自余《じよ》豪傑《ごうけつ》の士、全然これを露す。若しそれ絶えて此の気無き者を、鄙夫《ひふ》(いやしい男)小人となす。碌々《ろくろく》算《かぞふ》るにたらざる者のみ」

○

軽くて深い。

柔らかで強い。

細くて偉大である。

黙して鋭い。

語らずして語る。

冷めたきに似て暖かい。

無きに似てすべてがある。

愚かなるに似《に》て天に極まる。

そこからさびとしぶみが出てきた。

○

天才がいた。人も天才と言い、自分も天才気取りでいた。

いつも眼をしかめて、顔はきつく引っ張り、ボサボサと長い髪を乱し、一風変わった服装をして、人を軽蔑することはなはだしく、好きこのみがはなはだしく、人が気づかないことをもって、いつも真理としていた。

彼はとうとう発狂したと言い出した。自殺したいとも言いだした。

いろいろなことを知ってはいたが、自分の知識に信仰がつながなくなって行った。

気狂いにもなれず、自殺もできず、彼は心の貧しさをしみじみと感じだした。涙もろくなって、もとの元気はどこへやら消え失せてしまった。

孤独の中に在って彼はついに病に斃《たお》れた。一斤《きん》のパンと水だけで一週間を過ごした。下宿の婆さんが、牛乳一杯を持ってきてくれた。その牛乳一本がうれしくてならなかった。牛乳一杯の恵みに喜んで、和らかに人なつかしむ心になった時、彼は救われていくような気がした。このまま、抱かれたような心持で、死んでしまえば、それで結構だと思った。今まで自分が軽蔑していた世界のどん底に死にかけて、彼はそこを安楽なところだと思った。十数年天才気取りでいた彼は、無芸無能、虫にも劣った自分の安らかさを、病床の上に静かに味わっていると、涙ぐましくさえなっていった。死にかけても安らかな心は楽しかった。

ところが、死すべきであった彼は、とうとう生き返った。長い髪を短く刈り、灸《きゅう》の弟子入りをして間もなく灸を覚えると、看板を出して灸屋になった。三〇円、四〇円の収入が(昭和初期当時)二、三年経つ間に一二〇円になり、絵を描くことをやめて、純然たる灸屋さんになり、人の身体の治るのを見て、心穏やかに喜んでいた。

四〇になって、平凡な女性と結婚して、平凡な生活を穏やかに送っていた。時々思い出したように、墨絵を描いて壁にかけていた。二、三幅が掛け軸になって、床の間に飾られた。求めないのに、絵が売れて行くようになったが、彼は善いものでなければ売らなかった。

私がその絵を二、三幅見て、ため息をついて線の美しさを褒《ほ》めた時、彼には天地の正位がそなわり、彼は万物を育てる中和の持ち主になっていた。

〇

頭がいっぱいで、身体が虚となると病気になる。そのような人は盲動してあせるから、まことに知恵が出てこず、自分が霊であることを悟ることが出来ない。心は終始外部にばかり動いて、内部的には動かない。

頭が虚《から》っぽで、丹田に一身の大極がこもれば、それと反対になる。

スウェーデンボルグが面白いことを言っている。私の主張とほぼ合致する点がある。
一、神の霊を受けると、額《ひたい》から顔全体にかけてサッとする。
二、天使の霊を受けると、額からこめかみ、小脳の全体へと頭全体がサッとする。
三、後頭部から耳、頭のまわりにかけてサッとするときには、清浄な天使の霊を受ける。
と言っている。一は神の愛、二は神の知識、三は神の知恵が起ってきている時だという。頭が虚《から》っぽになっていないと、神の愛、神の知恵が現れてこない。頭がいいということは、頭が虚《から》っぽになっていることである。終始疑ったり、怖れたり、取り越苦労をしていると、頭は実し、腹は虚《きょ》して、まことのものが現れてこない。

○

賢こければ賢いほど、人は自分をうつろにして神を拝む。

○

原子一つの中に、太陽系が運行している。太虚の一切が、人間の中に運行している。

○

まことの哲人は孤独である。

○

渾然性の精進のための孤独である。

○

渾然性が神性を顕現する。神性に遠ざかれば遠ざかるほど、人心は醜悪となり、人体は虚実の対立をつくりだして、悪の修羅場《しゅらば》になっていく。

○

選択を誤る人は、身体に虚実の対立をつくり出し、観念作用が外部世界の特殊方向に向かってのみ固執している人である。

○

こういう人は、書籍によって多くを学んでも、実際的には欠点を暴露して敗れる人である。強そうに見えても弱く、賢そうに見えても融通《ゆうづう》が利かない。

○

人間は美化される。
砕けてしまえば、自然になる。
自然は一切を受け入れ、
自然は一切を生かす。
自然になれば、人は美しい。
自然なるがゆえに、神霊である。
凝滞《ぎょうたい》は人を不自然にし、
その不自然が人を見苦しくする。

○

森の中の古い池に一本の杭《くい》があった。杭は苔むしていた。鶺鴒《せきれい》が一羽杭の上で尻尾をたたいていた。

幾日経っても、幾年経っても、ここを通って、ジッとその杭の上に、鶺鴒を見る人はあるまい。このような古池は埋めて字地《あざち》にした方がいいと言うかもしれない。しかしこういう池のない国、そしてこういう池畔に、ジッと立って、鶺鴒を見る人が一人もいなくなった国は亡びるであろう。

○

湧然《ゆうぜん》と力が湧く刹那、天界の荘厳、地上の平和を感じる。

都は泥棒騒ぎしているかもしれない。中国は戦争しているかもしれない。経済不況は多くの人を苦しめているであろう。世の中は改造しなければならないことばかりである。

しかし天界の荘厳、地上の平和を感じる踴躍《ゆうやく》の人でなければ、何事もなしえない。

○

一日一日が新しい荘厳美をわれわれに啓示してくれる。

荘厳美の宝蔵《ほうぞう》は無限である。われに何ものもないけれど、与えられるものは、音楽のリズムのように、限りなく恵まれて止まらない。

○

取ろうとすれば拒まれる。

けれども弱くては、すべてのものが去っていく。強くなければならない。「力」は一切を引き寄せる。そして力は一切を跳ねのける。

○

蜘蛛《くも》が死んだ真似をするのに、いろいろな本能があるようだ。

巣の中に死んだようにちぢみ込んでいるのは、イザというとき獲物に飛びかかっていくための沈黙不動。

巣をはたかれて地に落ちた蜘蛛が死んだ真似をするのは、敵が来襲して貪り喰うのを避けようとするためか。それとも、急激な力に麻痺《まひ》したのか。

とまれ、蜘蛛という奇態な生物は、生のきわどい時には、死んだ真似をする。沈黙不動によらねば、生を完《まっと》うすることも、危険を逃れることもできない。

生を完《まっと》うするために、沈黙不動の行をよくなしうるか。

○

人の言葉や、人の生活を観照《かんしょう》し味わう力を持たない人は、批判的にばかり人を見て、その最後は征服的になる。鋭さがあるが冷たい。

だからといって、批判力がなければ、真理を判断することはできない。しかし真理の体験は、批判からは生まれてこない。批判は生命そのものの原則ではない。生命そのものから出てきた判断のみが、対立根情を超越した神性の顕現を意味する。

○

睡眠している間は盲動しないから、対立精神が収《おさ》まって、無意識の間に綜合状態に帰ってくる。だから睡眠は、精神的にも肉体的にも同じく大切である。自然は昼と夜とを半ばしてつくった。反省と超反省、積極と消極、活動と休息・・・すべて平均して自然を得る。

○

孤独でも貧しくても、もし自分が深い探明力と、口にしがたいほど尊厳な心霊の持ち主で、朝夕見る人ごとにも草木にも、さまざまと美しい永遠のほのめきを見出し得るならば、それでいい。それでこそ、自分はすべての人に尊敬され、すべて富を持っているのと同じことだから。

○

すべてのことは、自分にとって神聖であり偉大である。もし自分の名誉や健康に関する不吉な出来事だろうと、何一つ神聖偉大な号令でないものはない。

○

真理の体験は、厳粛な予期しなかったことを内観した時から始まる。

予期して生きる者、外界の動きと共に生きる者は、真理の体験者であることができない。

○

己の所有物を棄てて、所有物以上の自己を荘厳する時のみ、人は自由と偉大性を恵まれる。すべての歴史は、この自由と偉大性によってのみ進化の跡をとどめている。

〇

今夕永遠の幼児を、無窮《むきゅう》の天蓋《てんがい》に眺めた。燦爛《さんらん》たる星影をちりばめた夕の空が、今宵も若やかに吾が上に在る。雨上がりの夕空に、鮮やかな星影は、永遠の幼児の面影である。

洋々として限りない永遠の中に、自分は今夜も立っている。一転泡沫《ほうまつ》のような小さな吾に、永遠は流れ来たり、永遠は流れ去る。刻一刻わが呼吸に永遠がしみこむ。蒼茫《そうぼう》たる中に、敬虔なる一身の介在。何という深い意義であろうか。

〇

「原子が光の侵入を受けて、イオンになると、中和状態を破って、積極的になり、狂奔《きょうほん》してほかの原子を襲撃し、これと綜合して分子になる」。

突進狂奔している積極的なイオンは、すばらしい勢いであるが、要するに原子よりもさらに複雑な化学的分子を形成するためである。光の力によって、小さなものが、さらに大きくなろうとする。

孤独で寂しいさ中に、大和の綜合を体験した人が、やがては、霊光に打たれると、抜山慨世《ばつざんがいせい》(世を蔽うほどの気力)の嵐を吹き出して突進するが、それも遂にはさらに大いなる人類生活の有機的調和を計かろうとするためである。

一個の原子さえも、光なしには、イオンになれず、また化学的な複雑さを綜合した分子にはなれない。

天来の光がある。
光よ来たれ。
山に沈黙した男が
大都会をおどろかし

革正の大運動が起る。

〇

智識を超えても、普通の人々のなし得ない体験に進むのが、私たちの修行道である。私たちの修行者は、恍惚霊発の意識に入り、人間性質の深淵にくぐり入り、天地一切になり、美、調和、愛の権化となる。

人生の至高となる事実は、「個人の純粋生命は一元の大生命と同一であることを体験する」ことである。

〇

初発心時《しょはっしんじ》すなわち正覚《しょうかく》をなす・・・華厳経《けごんきょう》。

〇

眼裏塵《がんりちり》あれば三界窄《せま》く、心頭無事《むじ》なれば、一牀《いっしょう》寛《ひろ》し・・・夢窓国師《むそうこくし》。

〇

今宵月に釣り雲に耕して古風を慕った。世俗紅塵飛んで到らず。

〇

事々心にかなうはこれ損友《そんゆう》、言々耳に逆らうこれ良朋《りょうほう》。甘甜《かんかん》なんぞ苦辛の好きにしかん。六月熱せずば穀実らず・・・月舟宗胡《げっしゅうそうこ》和尚。

〇

葦牙《あしかび》の如く萌えあがるものによりて成りませる神の御名・・・古事記。

〇

日輪は太古のままに照り。
雨は太古のごとく注ぐ。
万物は生々発展し。

また万物は滅亡して行く。
われに万古の実在あり。
無限の流転あり。
生を外界の変化にのみ任《まか》すれば、
うちに万古の実在が消ゆ。
見よ日輪は太古のままに照り、
雨は太古の如く注ぐに非ずや。

〇

奈良法隆寺の五重塔は、今の時代の人よりも、さらに善い人種によって建てられたものである。

〇

エマーソンがこう言っている。

「あらゆる宗教の歴史には、聖者の恍惚たる跡が残っている。それは至上の霊福であったであろうけれど悦びのしるしはない。熱心で、孤独で、悲惨でさえある。孤独から孤独への飛翔だとプロティノスは言っている。そこから神秘の体験が来る。ソクラテス、プロティノス、ポルフリー、ベーメ、バンヤン、フォックス、パスカル、ギオン、スウェーデンボルグ、みなその通りである。それには病が伴う。至上の霊福は、恐怖や心のショックから来る。狂気にさえしてしまう。判断を汚す強烈な偏執《へんしつ》をさえ与える。宗教的霊感は、いうまでもなく心の力を増すが、病的な何ものかを交える」

しかし、まことのものは、強烈な偏執や、病的な何ものから来るのではない。西洋の聖者があまりに生活様式を異にするのは、偏執や病的な何ものかの作用である。

わが道は静けく、わが道は自然である。至高の霊福を受けるのに、狂気や、偏執や、病的な状態は、これを外道にする働きである。

常人のように暮らし、常人のように語っても、天にきわまる至上の霊福を受けられる。・・・否、これこそまことの正道である。

正道は何物にも偏執しない。正道は病を癒して健康を回復する。正道は、俗人にも通じるが、偏執した者にはなかなか通じない。

○

身体を無視して正道はない。易にも正位体《からだ》に備わるという。日本では中江藤樹と佐藤一斎がよくその道を説いた。日本王陽明《おうようめい》学派の人々にはその精神が伝わった。

○

静かに座って、深く呼吸する。呼吸が一つになって、丹田に大極が定まれば、意識は一変して、全身の毛孔から呼気を摂収し、いわゆる呼吸はなくなって、醒《さ》めた大法の超越意識になってしまう。これに狂気の沙汰はなく、これに偏執があるはずもない。偏執を一切失った時、正位からだに備わり、心に至上の霊福を見出す。

○

日本には、人類の間に隠れた才能の芽が植え付けてある。まことの平和道がそれである。そこから、美術上の特殊な絵が生まれ、さび、しをり、しぶみが現れてきた。

新しい日本は、その天才の芽によって育たなければならない。

○

一杯の茶に、男子はその丈夫心《じょうぶしん》を、婦人はその淑徳《しゅくとく》を、神にまで荘厳させた茶道の歴史を持つ国は日本だけである。今は、茶道以上の深さをもって、日本民衆の上に、新しい生活美が生まれ出なければならない時となった。

○

自然に生まれてきた。
自然に生きよう。
そして自然に死のう。
何ものも持たず産まれてきた。
何ものも持たず死んでいこう。
何も執着するところがない。
太虚は上に沈黙して限りなく、
大地は下に流転して限りがない。
すべては満ち足りてゆうゆうたる趣きだ。

〇

死んだらどうなるか。
原子がイオンになって疾走流転し、
他の原子と結合して分子になるように、
死後の彼方には勇敢なる生があり、
新しい結合同化生々発展がある。

〇

落日はしづかである。
落日のしづかな輝きを眺めると、
神聖な大家族の平和を想う。
落日は死をしのばせる。
死の彼方のかがやきを思わせる。

○

死によって何ものかが明らかになる。
有限の形を離れて、
無限の中に溶け入る。
一滴の雨が大海に落ちるように、
無限大の中に小さなものが融け入る。
個が全体か
全体が個かいよいよわからなくなる。
人の霊と神の霊がいよいよ明らかに一つになる。

○

人が絵を描く。
人が詩を作る。
人が歌をうたう。
その中に未生前の思い出が染みいづる。
その中に未来永劫が染みいづる。
その中に永遠そのものが匂いいづる。
永遠を慕う心が、
人に絵を描かせ、
人に詩を作らせる。
人に歌をうたわせる。

○

絵よりも平凡に、
詩よりも平凡に、
歌よりも平凡に、
誰もがその表情に生きた絵を描き、
誰もがその言葉に生きた詩を語り、
誰もがその声に生きた歌を響かせる。
けれども表情や言葉や声は、
絵や詩や歌よりも、
もっとのびやかに、
値なくして尊い永遠の思いを、
まとい出して世を尊く美しくする。

○

和《やわ》らかに輝く表情の美しさ。
和らかに静かな言葉のよろこばしさ。
和らかに深く透る声の尊さよ。
神がその表情にほほえみ、
神がその言葉にささやぎ、
神がその声に冴え給う。

○

良寛の顔が見たい。
ソクラテスの顔が見たい。

誰もそれらの顔を描いていない。
想像を超越しているからだろう。
自分は想像を超越した今宵、
彼らの顔をまじまじと眺めたような気がする。

○

平和な日、
何ものかをしみじみ偲びいづる。
それが形無いものであればあるほど、
偲ぶ思いは高く床《ゆか》しい。

○

夢の中に染み出て来るものが、
静かで清く楽しければ楽しいほど、
眼が覚めて生きる心は真実で崇高《けだか》い。

○

むかしパウロの手紙が、アジアやローマの方々にひっぱりだこに廻されて、多くの人々に読まれていた。今日の印刷物よりも、隅の隅まで廻されていた。

それを読んだ人の間から、大きな人物、清く強い人物があらわれ、大嵐の中に立って動かない巨木のように、迫害の渦乱《からん》の中に立って、見る目も崇高いほど神色自若《じじゃく》としていた。

○

今日の東京朝日に、「校長、身を捨てて溺れる生徒を救う」という見出しの記事があった。

広島県沼隈郡柳津村小学校五六年生百数十名は、小林校長他職員に引率され、三十日夕刻、発動機

船安正丸で、広島市の昭和博覧会を見物に向かう途中、三十一日午前三時ころ、賀茂郡三津浜沖を航行中、六年生の同村柳原義巳(十四歳)が用便中誤って海中に転落したので、職員らは甲板に立ちあがり、大声をあげて教え子の名を呼んだが、暗闇のため義巳の姿が見えないので、小林校長は児童愛に神のごとく燃え、途方もない闇の海に身を投げると、奇跡のように義巳にめぐり会って、救済することが出来たという記事である。

もう一刻二刻おそければ、義巳の身体は波のどこかに潜り込んでいたであろう。天の号令に率然として、校長が一身を忘れた刹那は、全身これ霊であった。闇の海に一飛躍したその力は、神そのものの顕現。内部世界の本質的煥発《かんぱつ》は、外部世界と一枚になって、義巳君を救い得た。主観客観の綜合に天光る本質的な霊光がそこに拝まれる。

〇

水戸侯の弓の師匠に偉い人物があったそうだ。藩主、藩士から厚い尊信を受けていたが、放つ矢は一本も的《まと》に当たらない。若い藩士らの矢は的を打っても、師匠の矢は当たらなかった。それでも師匠は、人物として尊信を受けていた。

或る日のこと、師匠の放った矢が黒星の真ん中に命中すると、思わず師匠は失言して、

「あら、間違った！」

なぜ間違ったかというと、この師匠の弓矢の奥義は、弓を満月にひっぱった刹那、天地人一枚の境地に入ることであったのだそうだ。この奥義なき弓矢の道は武士の弓矢の道ではなく、逆賊の弓矢で、稽古の時には的を射っても、死地にのり入って生命《いのち》の的をうつときには決して当たるものではないということだ。

那須与一が扇の的を射った刹那が、等しく天地人が一線に融け込んだ刹那であった。

〇

（兼子）尚積の拳《こぶし》には人を殺し、人を救う力がある。

〇

大砲の砲門を斬り落としたという日本刀を見た。樺太《からふと》大泊の医者佐野悦二氏が秘蔵しておられる。斬り落としたという武士の名は忘れた。刀は僅か一か所刃が欠けていた。

鉄と鉄とが戟烈《げきれつ》に衝突する――物理的に言えば、火花を散らすまでである。しかし折れるべきはずの日本刀が折れないで、かえって大砲の頸《くび》が斬りおとされた。

武士が日本刀を上段に振り下げた。その刹那、大砲はなくなった。客観世界がなくなった。そして武士は霊となり、振った日本刀も霊となっていた。

光が来れば原子は破壊されて、太陽系のように組織だてている電子が飛躍する。ちょうどそのように、武士も日本刀も光となっていた。光は道（ロゴス）である。道は透《とお》る。光は力である。光はものを破壊する。イエーッと斬りかけた日本刀は、原子を破壊する光のように、砲門あたりから大砲の頸を斬りおとした。主観本質の迸《ほとばし》るところ、妥当価値を掴み出せないことはない。

〇

行き暮れた現代人の間には、人類を射ぬく光の聖勇が出現しなければならない。

〇

日本刀が大砲の頸を断ち斬るくらいのことは、驚くことではない。（兼子）尚積は拳で万病を退治する。

人間が客観に引きずられないで、主観本然の姿に帰れば霊となる。霊は光である。エーテルである。物質を破壊する霊であり、物質を貫くエーテルである。

原子論では、物質であるものはエーテルに活動原因があって、先ずエレクトン（電子）とプロトン（陽子）が成立し、一個のプロトンの周囲を太陽系のようにエレクトロンが軌道に沿って回転していることはすでに示した。

ところがその原子には空間があって、エーテルがそこに満ちていること、ちょうどわれわれの世界における大気のようである。しかもプロトンとエレクトロンは星のようなものであるから、エーテルの空間の距離は太陽系におけるように、非常に広い。

今、非常に破壊力の強いラジウムのような光が、渾身これ霊となっている人間の気概、一瞬のうちに放射すれば、大砲の頸を構成している物質の内のエーテルの世界を貫いて、これを破壊する。

(兼子)尚積が拳《こぶし》で、人体の各部に塊《かたまり》となっている物質の凝実を、拳の霊光によって破壊するからである。

○

拳もこうなれば人を救う。ましてや、霊によって描かれた絵や詩・・・これが永遠の存在中に、偉大な人を起こさないことはない。

霊を知る者は霊のみである。

訓練に訓練を受けて、内部主観の本質を発揮している人は、大法の霊に感じることが鋭い。こういう人は、法隆寺の五重塔や、同金堂の壁画を見て多大な霊感を受ける。弘法や、恵心僧都《えしんそうづ》の仏画や、(尾形)乾山の線画を見て偉大な霊感に打たれる。万葉集の中に点在する大霊の息吹と、芭蕉の句に冴えるさびとしおりに打たれる。

○

さびは仙人や道楽者の専有物ではない。仙人や道楽者には、外道のさびしかない。

まことのさびとは、日本人の本質に天地無限が融け込み、日本人の人格に宇宙大法の霊がしみ出た趣《おもむき》である。その底のない深さ。その限りない強さ。一たびそれが積極的に迸《ほとばし》れば、万軍の力もその前にひれ伏し、地獄もまたひっくり返る。行くところとして妥当価値をつかまないことがない。

さびには何等の余計なものがない。取って付け加えたものがない。大自然がさびにすさび、本然生活の流転が、さびに黙している。

さびに亡びる日本は本然生活に亡びる。

さびは日本の永劫性であって、また日本の本質(正位)である。さびは下腹丹田に一身の大極を作り、三焦(重要なツボ)に天地の別使(特別な使者)を備えさせ、一切に対立を破壊して綜合調和の美と健康を造りだす。さびは全世界の富より偉大な霊の人を地上に送り出す。

○

人間の最大聖勇は無になることである。

外部世界に固執した小我が、その時たちまち消え去って、大法の永遠流転がわれに顕現する。

○

今日、康熙字典《こうきじてん》(清朝を創立した康熙帝編纂の字典)を開いた。偉大な字典である。中国(支那)に今日、康熙帝がいるならば、三民主義(孫文が唱えた民族主義・民権主義・民生主義を内容とする政治原則)は煙のように消え去って、天の霊智、霊力が中華民国を統一するであろうと思った。

康熙字典で健康の健という字を引いてみた。「建とは和なり、楽なり、安なり」とあった。

健康な身体には調和がある。楽しみと平安がある。

あらゆるまことの芸術品には調和があり、楽しみと平安がある。

○

奈良の龍田《たつた》神社は風の神を祀った神社で、法隆寺の守護神が鎮座されている。聖徳太子の仏教が、神道基礎の本質の上に開けたことを語っている。

法隆寺が一千三百年火災に遭わないで、今日まで無事立っているのは、風の神、龍田神社の神霊の御守護によると言う。

風が吹けば火が燃える。だから火が燃えないように、風の神が守護しておられるのだという。

人体にも、それと同じ法則がある。風邪をひけば熱が出る。

風邪をひくのは、足が虚になっているからである。

法隆寺も基礎が虚であったら、風の神の守護を受けることが出来ずに倒れてしまったであろう。

○

呼気と吸気が妙合して一となれば、下腹丹田に大極の力がこもって、人間本質の活動が始まる。

二元が一元になるところに妙がある。

天地人、万物悉く、二元の妙合によって生々されている。

(江戸時代後期の農政学者)佐藤信淵《さとうのぶひろ》先生曰く、「柔鹽《じゅうこ》(鹽は粗塩のこと)は日天の精気、剛鹽《ごうこ》は大地の精気。天地の精気であるものに妙合して、以て万物を化育する・・・草類は柔鹽《じゅうこ》が多くて剛鹽《ごうこ》が少なく、・・・また、剛鹽《ごうこ》が多くて柔鹽《じゅうこ》が少ないものは、蔓草になる」と。柔鹽《じゅうこ》とはアルカリで、剛鹽《ごうこ》はカルシウムのことか。

人体もまた、アルカリとカルシウムの二者が妙合して栄養となる。

二元の妙合は、主観客観の合一した本然活動に尽きる。

○

二気の妙合に内部の光を見ようとして、修業の道程にある時、すなわち無の究畢《きゅうひっ》に達しようとするとき、たちまち心身の苦悩が現れる。これは、外部的自己が、その盲動的存在を維持しようとして、内部生命の規範に反抗する衝動である。

この時、外部的自己は、潜在意識から現れて、内部の光を打ち消そうとする。内部の光は神、外部的自己は悪魔、この悪魔を征服して、六根清浄透徹する。

○

六根透徹して行くH子の過程は荘厳であった。H子は永い間の修行中、最初は自分の全存在が盲動であったことを悟った。そして手足の病が治った。

しかしその悟道はまだ浅かった。まだ深い潜在の外部的自己が、次々と現れてきた。胃囊《いぶくろ》に表象された精神的罪悪も隠れていた。それが胃病となって現れるとき、H子は精神的に深刻な認識を求めて苦しみ出した。遂に胃が治ると、眼が悪くなった。眼に表象された外部的自己が反抗し出したのである。まことにものを見ることが出来なかった罪の大祓《おおはら》いだ。愛をもって物を見なかった罪の大祓いだ。遂に眼も治った時、H子の表情はさやかに和らかくなってきた。佛を見奉る眼の清らかさ。H子は清まった眼で、自然と人生を見るようになった。

〇

食うために生きるようになってから、日本人の食物は変化し、したがって胃腸も、分泌物も変化し、体質が変化して、経絡の虚実を作り出し、様々な病気が現れてきた。

食べるために生きる者は、また性欲のために生きる。多食すること、肉食することは、性欲を刺激する方法である。

食べるために生き、性欲のために生きる人間に道徳がある。だが、そのレベルは低級なものであることを知るべきである。この低級なレベルのマルクスが、どんなに弁証法を試みても、レベルの向上はできない。

レベル・・・水平線。

人間は水平線を超えて、食べるために生きる倫理道徳に打ち勝ってしまわなければ、本質的な向上は望まれない。

今から一五〇余年前、日本人は玄米を食していた。一日二食を守っていた。玄米食の当時は食糧の分量が少なく、かつ菜食であり、戦争中は、梅干しや燻製ばかりで副食物は事足り、その健康と持久力は非常なものであった。秀吉の三韓征伐は、三か月で平壌、咸鏡道《かんきょうどう》まで徹底的に陥れたが、日清戦争、日露戦争、と時代を経るにしたがって、多くの日時と苦労が増し加わった。

玄米を止めて生活が豪奢《ごうしゃ》になったため、幕末の経済は行き詰り、今また経済の行き詰まりに悩んでいる。

「日本人は白米を食べるために、一割の搗《つ》き減り、すなわち毎年五百万石の米の損をしているのです」と二木謙三博士(一八七三〜一九六六：細菌学者・医師、健康法の唱道者)が述べている。五百万石の損をやめれば、日本には食糧不足の心配はない。まして、玄米食になれば、白米の分量の半分以下でよいから、なおさら結構である。

食べるために生きるようになったため、日本は西洋の経済学を信じなければならなくなり、当然、思想が西洋化してきたわけである。

食べるために生きれば、経済にますます困り、闘争の他に道がなくなり、人間は本質的に堕落するより他はなくなってしまう。

○

外部客観世界を目的に生きる者は、食べるために生きる。その生活は征服に始まって、ついに征服に斃《たお》れる。

内部主観の本質にまことの生活を求める者は、万有と兄弟姉妹となり、向上するために生きる。その生活は霊に始まって神に至る。

前者にとってパンと性欲は生活の原則であり、後者にとっては、神化の悦びが生活の原則になる。

○

二木謙三博士の食糧法を実行すれば、おのずから人は食べるために生きなくなるであろう。博士一回の食費は、薪炭代を加えて、五銭三厘、そして完全な栄養価値を摂っておられる。こうなれば、人はおのずから経済的に超越して、霊的に向上しないわけがない。しかし、博士のような尊敬すべき人格者が、世界の開業医の間に二人とあろうか。

○

かつて、奉天の人々と大連の人々が徒歩競争をしたことがあった。奉天の人々は、一週間前から肉食を止めて、粥《かゆ》ばかりを食べていた。大連の人々は、肉食して栄養を摂り、競走に勝たなくてはならないと意気込んでいた。結果がどうなったかというと、奉天の人々が勝った。話を聞いてみると、奉天の人々は体が軽くて楽に歩けたということであった。

説明をするまでもなく、これには暗示が含まれている。

○

H子は美の認識において、非常に深くなってきた。眼をしかめて見ていた時分には、病気だらけで、いやなものしか見えなかったが、今はもう天眼自由なものがある。

宮本武蔵の達磨《だるま》の線を見て、「日本の歴史の中軸をなして流れてきたものは、この線に表象された和《やわら》かな力ではありませんの。これは親鸞上人の念仏と同じですわね。念仏は正念なりとも、無碍《むげ》の一途なりとも、絶対不二の機とも、また一切煩悩の病を破るので、利剣の如しとも言われていますね。先生の体認道も、これと同じですわね」と。

○

H子がまた、乾山の布袋《ほてい》の絵に見入っていたが、突然こう言いだした。

「まあ、この線・・・布袋の腕を見てごらんなさい。黒い墨で描いてありますけれど、透き通った天来の光ですわね。点が紙の上に現れて来たんですね。まあ、本当に美しいわ。冴えて、冴えて、六根透徹した人の筆によらないと、このような線はできませんわね。私は西洋のあらゆる傑作を見ましても、このように美しい腕を持った絵を見たことがありませんわ。指もきれいね。このような指で仕事をしましたら、天人の仕事が出来ますわ。布袋さんが釣竿を持って魚を釣るところでしょうが、このような手で釣ったら、魚は自由に釣れるでしょうね」

〇

今日、H子がこのような話をした。

「いつぞや、主人が、お前はまだ妊娠しないのだろうかと申しました。赤ん坊は生まれなくてもいいじゃありませんかと私が申しますと、主人が「なぜ」と申しました。だって、あなたは私に永遠の幼児を見出してください。私も、あなたに永遠の幼児を見出しています。いいえ、すべての人に永遠の赤ん坊を見出していこうじゃありませんか、と私が申しました。その後、私の家では、赤ん坊と言うテクニックが出来ました。女中がしくじっても、人が不遜なことをしましても、赤ん坊と言って私共は笑っています。笑い声で家の中が明るくなりまして、誰一人怒る者がないようになりました」。

〇

「〇〇家に奇蹟が起りましたよ」とH子は或る日このような話をした。

「〇〇家は、母堂と坊ちゃんばかりでしょう。坊ちゃんは高等学校を落第なさった時から、放蕩《ほうとう》息子になって、学校には通わず、お金を握ったら、一週間も十日も帰っていらっしゃらなかったそうです。おまけに、よからぬところにたくさん借金をしていらしたそうです。三十万円の財産も、このようにしていたら五、六年で無くなるでしょうと言って嘆いておられました。でも、私の赤ん坊の話を聞かれると、マアそうかしらといって、涙をこぼしてお出になりましたが、或る日、坊ちゃんが、放蕩先から帰ってこられますと、ちょうど今日赤ん坊が生まれたとばかりに喜んで、赤飯を炊《た》き、大変ごちそうをして祝われたそうです。

いつも、物案じ顔の母堂が、今日は嬉しそうにして祝ってくださいますので、坊ちゃんは不思議な気がして、今日はうんとお金を掴《つか》み出していけることと思い、「母さん、どうしたのです？」と訊《たず》ねられたそうです。

母堂が、「今日はお前の誕生日で、また、私の誕生日だから」と言われますと、坊ちゃん、不思議そうにしておられたそうです。

母堂が、「私は今まで、賢そうなことばかり言って、お前を教え導こうと思っていましたが、本当に浅ましいことでした。私は今日から赤ん坊になったから、お前の言うなりになります。財産をみんな使いたければ、お使いなさい。決して惜しみません。お前となら私は乞食をしてもいい。お前が自殺するなら、私も自殺してしまいましょう。お前も賢そうなことは考えない方がいいから、赤ん坊になってしまいなさい。たかが二、三万円の財産を、賢そうに、どうして保存したらいいかなんか、けちくさい工夫は止めてしまって、今日はお母さんと喜びましょう」と言われますと、坊ちゃんは天籟《てんらい》に打たれて、決然として放蕩を止め、一心をこめて修行に身を投げられたそうです。まあ、なんてめでたいお話でしょう」。

○

H子がまた、今日はこんなことを言った。

「どのような人であっても、時々、どう表現してよいかが分からない美しい思い出が湧いてくることがありますのね。どのような貧乏な人であっても、その時には重荷が無くなっていますわ。無心で仕事をしている人に、そのような瞬間が巡《めぐ》ってきますのね。貧しい人は、その時、天下の富を集めた人よりも、神々しい力を持っています。貧しい人の、その心を芸術創作の上に現したら、乾山の線に冴えた力が出て来るでしょうに、プロの文士たちは、なぜそういう人の心の刹那《せつな》の輝きを深く見る素質を持たないのでしょう。質が粗悪になったからでしょうね」。

○

H子がこう述べた。

「偉大な美しい言葉や行いは、どのような人も讃嘆しますのね。全く神霊の交感ですわ。すべて偉大な美しさ、英語で言ったら、サプライム・アンド・ビューティフルは、神霊と神霊の原始的な結合ですわね。一般の真理が成り立つ時には、神霊と神霊が鼓動して原始的な結合をしなければならないのですわね。偉大な美の鼓動でないと、みんなの人が一致しませんのね。どのような概念を持ってきても、偉大な美が鼓動していなかったら、誰も一様に頭を下げませんね。喝采《かっさい》もしませんのね。私共はその偉大な美の顕現者にならなくてはならないのですわ」。

〇

H子がまたこのようなことを語った。

「そうね。ほんとうにそうですわ。神霊は努力を超え、苦々《にがにが》しいものを持たないのですが、神霊に反したものが、苦々しい努力を信じさせますのね」。

どのように努力しても、工夫しても、苦々しいものにしか出会えない絶望の思いを引き起こさせるものは、神霊ではありませんのね。それは神霊に反した虚想ですわね。

人はどのように努力しても、工夫をしても、なお充たされない悲しみと憂いを残すのですものね・・・神霊だけが、人の苦しみを偉大な美になしますわ。それがなくては、真理が成り立ちませんのね。

真理は偉大な美しさによって明らかになりますわ。

ですから、武士道のようなものは、西洋の哲学と違って、美しさによって明らかにされた真だけを説明していますのね」。

〇

「先生、結果を予測した善は美でありませんのね。ですから、そのような善は果《か》を結びませんわ。

よく人は、他に恵んでも、人は恩を返さずに却って仇《あだ》になると申します。けれどもそれは施しの結果を予想しているからでしょう。善い結果を予想した施しは、もう報いを受けていますから、他人のためには益になっても、自分のためには、二度と報いの来ないのが当たり前で、二度の報いを求めるのは、貪欲《どんよく》ですわね。

先生、昨日ね、ほら、いつかの国語の老先生が、雛《ひな》を一籠《ひとかご》持ってきてくださいましたのよ。十年も前には喧嘩《けんか》していた人が、このように美しくなりますものね。雛一籠の美しさは、説明し盡せない美しい世界を背景にしていますわ」。

○

「神霊には何一つとして偉大な発見にならないものはありませんのね」と、或る日H子が静かに語った。

「ねえ、そうでしょう。人の醜《みにく》い言葉が、自分に響けば、崇高《けだか》い言葉が響きかえり、絶望が他から迫ってくれれば、荘厳な霊覚が開けますもの。神霊と神霊は、いつも感謝し合ってうろたえずに、きちんと道を守っていくものですわね」。

○

「神の顕現には、過失があろうはずがありませんのね。たとえ人がそれを過失と言っても、神の顕現は、いつか、それが正しかったと気づかれるときに巡り会うのですもの。私、そのようなことが二、三度ございました」と、或る日、H子がこう述べた。

○

H子は、すべてのものを醇化《じゅんか》する神の炎《ほのお》を持っている。

H子は、すべてのものを偉大にする秘密を体得している。

H子は、塵埃《じんあい》の山のような汚いものを跳《の》ね除ける力を得たが、また、塵埃の山の中に埋もれて、芽を出すような力に恵まれた。

○

神性から遠ざかれば、棒の一端を以て棒というようになって、他端が分からなくなる。一本の棒は、甲乙両端があって存在する。神性は完一である。渾然性である。棒の一端を以て棒なりというのは、妄想であり、詭弁《きべん》である。詭弁はどのように真理を装っても、主観と客観を綜合していない。彼我《ひが》一になっていない。そこには、棒を握って叩く力が現れてこない。渾然性は力である。握れば力となり美となる。

○

四囲《しい》明らかでなければ、道は歩めない。道を歩む者は四囲明らかである。

四囲明らかなら環境に通じる。また時代に通じる。市井《しせい》に埋もれても、一国の政治、経済、教育に通じる。健康な人に通じ、病患の人に通じる。すべて行くところに道のないところはない。道は固定化しない。道は信仰箇条ではない。道は法律でもない。

道は必ず完成される。そして道は永遠である。君の生活が何であれ、君は道を行くか。必ず君は通じる。世に通じ、超世の通力を持つ。世を超えて、世に通じる・・・これが吾が道である。そして生命は行き詰らない。行き詰らない所に健康がある。わが道は健康である。わが道は天命である。天命であるがゆえに安らかであり、歳と共に熟する。老廃して斃《たお》れるのは、道ではない。

○

わが道は、睡眠中に安らかに向上純化し、覚醒中に鍛錬通達する道である。

○

素問(霊枢と並ぶ東洋医学の根本聖典)に曰く「百病は気に生ず、怒《いか》れば則《すなわ》ち気上り、恐《おそ》るれば則ち気下り、驚けば則ち気乱れ、喜べば則ち気ゆるみ、思えば則ち気結び、悲しめば則ち気消え、寒ければ則ち気収まり、熱ければ則ち気洩れ、労すれば則ち気耗《もう》す」と。

○

道元禅師の『正法眼蔵』にこうある。

「布施《ふせ》する人の集会の中に来たときは、先ずその人を諸人のぞみ見る。知るべし、ひそかに心通ずるなり」と。

「このんで愛語すべし。世々生々にも不退転ならん。愛語よく廻天《かいてん》の力あり・・・」。

「怨親《おんしん》ひとしく利すべし。ひとえに愚をすくはんといとなむべし」。

「ただまさにやわらかなる容顔をもて一切に向かうべし」。

〇

大黒柱を内にひそめた法隆寺は明るくて軽い。

一身の綜合支持力、・・・関棙子《かんれいす》を体得している力の人も、明るくて軽い。

〇

「これこれのものはあまり食べてはならない。これこれのものを多く食べよ」と言うのは、科学的食糧法の研究である。研究すればするほどよろしい。しかし、どのように研究しても、その通りにやっても、残される一つの欠点がある。

その欠点を埋めるものは、「何でもありがたいただく。供えられ、与えられたものが一番結構」という心持である。

〇

「好きなことは一つ、その他はみな嫌いだ」という。好きなその一つに、全力をこめて教育すれば、個性教育が出来て、天才を発揮するというように考えられている。大きな誤りである。

純粋な個性は、そのように一つのものを選り好みしない。一番嫌いなことが、一番個性に順応したケースがいくらでもある。

病気治療の原則がそれと一致している。潜在意識となって隠れつつ、病気の原因をなしているものは、みんな自分が嫌って、無意識の間に避けたものである。それを無意識の中から引き出してきて、精神的苦練を受けさせた上でないと、根本的な治療はなされない。根本的に病気が治ると、隠れていた嫌悪物は、実は病気の根でなくなるばかりか、心を救う秘密の力になるのである。

嫌いなものがあるのは、偏執した一つの癖に生きているからで、つまり、性格の病的な不健康を証明するものである。

〇

隠れているものは力である。現れているものは美である。

〇

息が永くなると優しくなる。強いから優しくなるのだ。息が荒くて短いのは、粗悪で弱いことを証明している。

婦人は息が荒くなると、ヒステリーになる。男子が息が荒くなると、仕事がまとまらない。

〇

呼吸が一元になって永く持続すると、純粋生活が現れ出る。自分は二十分間、呼吸が止まって、丹田に一元の吸気だけ集まり、満身の毛孔から空気が流れ込む清新爽快な大歓喜の中に、難病一刻にして根治した経験を基礎に二十年間歩いてきた。

〇

気がこもれば、彼と我とが一つになる。一つになれば我、彼に乞うに先立って彼我に来って、万事苦慮せずにして成り、計画せずして成就する。これなくしては、百戦ことごとく敗れる。戦う前に勝ち、成さざる前に成就する者でなければ、まことの英雄ではない。道の聖なる者ではない。

（完）

◎兼子尚積追録

兼子尚積については、既に本書9頁に挙げた三浦関造の『神性の体験と認識：日本より全人類へ』（モナス社、昭和四年：一九二九年発行）の「序」で、兼子が内村鑑三を感動させたことや、後の文中で、関東大震災後は関西に移って治療活動を行ったことなどの断片的な情報の他には詳しいことが判らなかった。最近になってネットで調べたところ、兼子が本を出版していることが判り、国会図書館に赴き、昭和八年秋出版の、今はデジタル化された『根源的立場の現代思想批判』（厚生社）の一部をコピーし参照するとともに、一九三二年発行の独文書 Über das Wesen und den Ursprung des Menshen（人間の本質及び根源）の一部をコピーし参照した。すると、このドイツ語の文献中に兼子尚積の中年時代のものと思われる思索的な横顔写真が掲載されていたのは、予想外のことであった。そこで貴重な資料としてこれを挿入することとなった。

Shoseki Kaneko.

著者名はドイツ語では Sho(-)seki Kaneko とあり、予想していた「かねこなおずみ」ではなく「かねこしょうせき」となっていた。日本語では「なおずみ」とよび、ドイツ語では「しょうせき」と呼ばせたこともあるかもしれないが、これを基に「しょうせき」と、名前にかなを振ることにした。奥付には編纂者名として日本語で「兼子三郎」が使われているので、これが本名であることが判る。出版社は三島開文堂で、所在地は大阪市天王寺区上本町八丁目五九番地（当時）であり、昭和七年一〇月発行とあるので、三浦関造が文中で記したように、大正一二年九月一日の関東大震災後に兼子が関西に移り住んだという記載が裏付けられる。おそらく東京の住居が震災に伴う火事で焼失したため、東京から転居したのであろう。

内容は、Minoru Kodachi という日本人(木立稔)の紹介文があり、その後に目次として、序文があり、その後、I. Von der Grundbeziehung des Einzelwesens tum Weltall(宇宙と個体の根源的関係について)、II Von dem Grundgesetz der Einheit des Geistes und des Körpers(精神と身体の統一原理について)、A Die Grundbestimmung des mannlichen und weiblichen Körpers.(男性と女性の身体基本的特性)、B Die 14 Keiraks-Systeme.(十四経絡システム)、C Die beharrliche Neigung des objektiven Ich.(客観的自己の固執傾向)、III Subjekt und Objekt, beziehungsweise Anschauen, Denken und Ausdrucken.(主観と客観、または、直観と思考、及び表現)、IV Von der Vollendung der Person.(人格の完成について)、V Kritik der gegenwartigen Anshauungen.(現代思想批判)、Einleitung.(諸言)、Die Wissenshaft(科学)、Die Religion.(宗教)、Die Erziehung.(教育)、Die Kunst.(芸術)、Die Politik.(政治)、と続く。

一方、和文書の『根源的立場の現代思想批判』は、「序言」、「第一章:所論」、「第二章:科学」、「第三章:政治」、「第四章:教育」、「第五章:宗教」、「第六章:芸術」、附輯(付章)一、「根源的体験と哲学」、二、「ドイツにおける本書に対する反響の一、三」となっている。この末尾の附輯が、京都大学哲学科出身の小立稔氏が過去三年間の修行によって得られた体験と、新しい立脚点から、これまでに専攻した西洋哲学を批判的に見直したものであると兼子が「自序」で述べ、かつ「この出版は、同じく貴志喜四郎氏がドイツ語文の海外における予想外の好影響を幸とされ、それを贈呈することが印刷制限でできなかった方たちに送って読んでいただくための喜捨心から」作られた旨が記されている。兼子氏の思想に強く共感して、ドイツ文での(翻訳)出版を行ったのが貴志喜四郎であったことがうかがわれる。

ドイツ語文書とこの和文書が内容的にほぼ同一であること、及び、ドイツ語文書の発行が一九三二年(昭和七年)と、和文書の発行年が翌一九三三(昭和八年)であったことを考えると、最初にドイツ語文書が出版され好評を博し、続いて和文書が発行された経緯が判る。実は兼子の本は、もう一冊『人間本質の研究』が大阪の津田真法館から一九三一年六月に発行されており、内容的にドイツ語文書のものとほぼ同じであり、『人間本質の研究』(一九三一年)→Über das Wesen und den Ursprung des Menshen(一九三二年)→『根源的立場の現代思想批判』(一九三三年)という順でほぼ同じ内容の兼子の本が発行されたことになる。そしてこれらの本で示された内容は、三浦がそれらよりも前の昭和四年(一九二九年)に発行した『神性の体験と認識：日本より世界へ』と同質であり、三浦はこの本を書いたのち間もない一九三〇(昭和五年)に渡米し、ポイント・ロマのセオソフィ大学平和宮などで、同一内容で講義したと思われる。本のタイトルである『・・・日本より世界へ』とあるように。

兼子の『人間本質の研究』には以下のような「緒言」が付されている。

(人間本質の解明とその発表に)約二二年の歳月を費やした。明治四三(一九一〇)年の春、人間本質の全体的根源者を体認し、法則流転の実相を感じて以来、生活価値観が全く転換され、法則随従の立場を確立することに精神的努力を続行したのであるが、・・・しかし不肖非学の私は、蹉跌《さてつ》(失敗)を繰り返し、・・・理想の一部さえも達せられていない慙愧《ざんき》(恥ずかしさ)を抱く。しかるに過年、三浦関造氏が私の体験を基にした『日本より人類へ』を上梓《じようし》されて以来、道を求め、疾病や苦悩に救いを求める人が多くなってきた。ここに、体験者として重大な責任を感じ、誤りのない発表によってその責任を果たし、併せて求道者を裨益《ひえき》する(役に立つ)ことになればと、老婆心《ろうばしん》を傾け、・・・本書を公刊することにした。――と、兼子は、この本が出版されたいきさつを語り、彼の若い時の苦悩と波乱万丈の生活をかつていかに脱したかを以下のように記した(以下は概要)。

――若い時、修行に三年間ほど専念し、波乱万丈の生活を送った。生か死かの辛苦《しんく》を舐《な》めつくしたが、妻が妊娠したことで(子供のために)生の道を選んだ。友人たちと宗教談話会を開き、各宗派の僧侶や学者を招いて彼らの説を聴いた。生家にはキリスト教の牧師たちが出入りしていて(注:内村鑑三もそうであったであろう)、キリスト教について学んだ。二五歳のとき、肺炎を患ったが、参禅によってそれが治った。いろいろと試した結果、王陽明の静坐に専念し精進した結果、二九歳の春三月一七日、修行を初めて約八か月の夜半、忽然《こつぜん》として一元的生存の境地に達した。以後、修行を重ねつつ、病院で死の宣告を受けた人々の救済を数年間行った。ところが、大正三年に至って、突然、大苦悩と大疑団に見舞われ、種々努力を重ねたが、ついに疲労困憊の極限に陥り、自己が根底から投げ出され、これまでの傲《おご》りの心が全くなくなった刹那《せつな》、ようやく一つの悟得に達した。――と経過を述べている。(注:一〇三頁参照)

そして、これまでの苦悩が自己の進み方の錯誤を是正するための大統の慈愛であったことを兼子氏は悟り、真理探究の修練努力を我執によらず、宇宙の法則に随順する生き方よることになったとしている。その、生き方の原理を記したのが、『人間本質の研究』(昭和六年)であった。――

兼子の『人間本質の研究』のこの「緒言」によって、これまで不明であった兼子が治病に献身するに至った経過の概要が判明したのである。

このように三浦関造は、兼子尚積から身体的治療の原理と共に、その治療の根底にある哲理をも深く学んだことが判るのである。

◎川面凡児《かわつらぼんじ》と三浦関造

この章の始めに、三浦がアメリカへ出発する直前に、本書に収録(抄録)することになった『神性体験と認識：日本より全人類へ』（モナス社、昭和四年九月）を発行したこと、この書の内容が、兼子尚積という霊的治療家の治療原理と実際であったことを記した。三浦が霊的な治療能力を備えた背景にこの人物の存在があったのである。

ところで、本書の前の『綜合ヨガ創始者・三浦関造の生涯』の付属資料で、「三浦関造年譜」を作成したことで、三浦がアメリカに行く前の、昭和二（一九二七）年時点で、三浦が「神道家の川面《かわつら》凡児（川面恒次《つねつぐ》）の「金の玉」（新大久保）の屋根裏部屋に移り住む」という記述がある。

すると、三浦が次の別の家に移ったのが、アメリカから帰国した昭和六年で、東京都杉並区松原であることから、アメリカへ行く直前まで、三年間ほど三浦は川面の家に住んでいたことになる。川面は昭和四年二月に他界しているので、川面の最晩年に、三浦は川面の家に住んでいて、『神性体験と認識：日本より全人類へ』を執筆したことになる。とすると、時期的に言って、川面の霊的治療からも、学んだのではないかと推察しうる。

では、川面という人物はいったいどのような存在で、どのような思想の持ち主であるかが問題になってくる。そこで、編著者が四年ほど前に読んだ川面に関する書籍、宮崎貞行著『宇宙の大道を歩む――川面凡児とその時代』（東京図書出版、二〇一一年）を紐解いてみた。すると、創造主と被造物とを峻別する二項対立的な思考、善と悪、光と闇の対立、闘争を説くゾロアスター教やマニ教的思考、それに影響を受けたキリスト教の思考といった二元論的思考ではなく、精神と身体との不二一元論、自然も国々も、太陽系宇宙も、全大宇宙も多重に織り込まれた一つのホログラフィック（全一的）なミタマであるという、「一元平等」、「顕幽一体」、「心境不二」、「神人一体」という、壮大な一元論を川面が抱いてい

たことが判明する。これは、三浦の師である兼子尚積の思想と完全に一致する。それゆえ、三浦がアメリカに行く前に川面の家で、川面の思想と霊的治療の影響をも受けつつ、『・・・日本より全人類へ』を執筆していたことが推測しうるのである。

では、川面という人物はいかなる経歴の持ち主であったのであろうか。宮崎や菅田によると、川面は大分県の、宇佐神宮等の由緒ある神社や古神道が生き、また、縄文時代の祭祀場がある、宗教的雰囲気の満ちた国東半島で生まれ育ち、漢学を学びつつも、山伏たちの指導を受けつつ修行を積み、古神道にふれ、神道研究を志した。

明治九年、十五歳の時に友人二人と宇佐神宮東南にそびえる馬城峰《まきのみね》に登った。この峰は宇佐神宮の神奈備《かんなび》山(神体山)で、昔、八幡神が奇しき光と共に顕れたところとされる霊山であり、その山頂には、三個の巨石からなる磐境《いわさか》があり、八合目付近には遥拝所としての大元神社がある。仲間が去った後、川面は一人三・七・二十一日の山籠《やまごも》りをした。その最後の日に、自らが六九七歳と称する仙人(仙童蓮池貞澄)に出会う。それからしばしば三年間、馬城峠に登ってこの仙人の下で修業を積み、ついには神明に導かれて、各種の神伝を得た。また、湯布岳で、鹿を連れた三六九歳の仙人にも導かれたという(菅田正昭『複眼の神道家たち』八幡書店、一九八七年の第九章:川面凡児の日本最古の神道、一七八頁)。

二一歳の時、乞われて熊本市で漢学の私塾を開きつつ、修行を続けた。それ以後二四歳まで老荘思想を中心に、漢学や国学を研究した。

民衆救済の志を抱き、明治一八年に漢学師匠の地位をなげうって上京。以後約二十年間、貧困生活の中で、あるときは『長野新聞』主筆や、『熊野実業新聞』主筆となり、ジャーナリストとして働き、あるときは仏教等を学びつつ、禊《みそぎ》にいそしみ、各種の宗教や哲学を学び、日露戦争が終結した明治三九年四月、四五歳のとき、形骸化していた神道に息を吹き込むべく、「世界教稜威《みいず》会」を結成し、台東区谷中の草庵で古典の講義を開始し、「川面凡児」の名を名乗るようになった。各地で講演会や禊の会を開き、寄付された大久保百人町の家を拠点に、大勢の、政府高官や知識人を含む人々に道を説いた。彼の宗教的立場は、神道を基盤としつつも、仏教、キリスト教、道教、儒学などを併せ持つ「万教帰一」の立場であり、のちに大本教や生長の家の先駆的教えになった。彼は古今東西の様々な文献を研究し、著作集十巻を著すというように、学者的一面を色濃く持っていた。明治四一年に川面は四七歳の元旦を期して、機関誌『大日本世界みいづ』を創刊、以来、昭和四年二月に六八歳で他界するまで四〇〇回も号を重ねた。死の直前まで、毎年、計二一回、大寒禊を主宰・執行し、大正四年八月から、夏季の禊として武州御岳山や軽井沢相性滝などで夏祓いを執行、全国各地で講演会を開催した。

川面は、古代からの神道の禊を復興したとされるが、人は、宇宙の根源的な意識であり神の分身霊《わけみたま》である「直霊《なおひ》」、精神、意識である「和身霊《にぎみたま》」(和魂)、そして肉体である「荒身霊《あらみたま》」(荒魂)からなっているとし、これらの調和統一・鎮魂の行としての禊《みそぎ》を重視する。禊は、したがって「水」による外面清浄の行のみでなく、言葉(言魂《ことだま》)や呼吸法の「火」(霊《ひ》)による内面清浄の禊を含む深遠な行である。この水の禊と火の禊によって神人一体の境地に到達しようとするのが禊の目的である。水と火(霊)とのバプテスマ(洗礼)が川面が復興させた神道哲学の根底にあったのである。こうした霊魂学、鎮魂学の体系を完成させたのが川面凡児であった。

さらに、川面は稀有な霊能者でもあり、関東大震災や清国の終焉、二つの世界大戦や国際連合の台頭等を予言し、また、重病人多数を治療し、遠隔透視能力や幽体移動、及び瞬間移動が出来たが、これらの能力を誇示することがなく、極めて控えめであった。弟子を持たず、小さな家に住み、質素な暮らしを続け、「谷中の仙人」などと呼ばれた。

宮崎によると、神道の革新者・川面凡児(恒次)(一八六二～一九二九)は、同世代の宗教改革者、キリスト教徒の内村鑑三（一八六一～一九三〇）、浄土真宗仏教徒の清沢満之《きよざわまんし》（一八六三～一九〇三）と並び称されるべき偉大な宗教家であった。三浦関造は、アメリカに行く前に、兼子尚積はもとより、川面凡児からも指導を受けていたことは、大いにありうることである。三浦の霊的治療家としての原点のもう一つが川面凡児の霊的治療であった可能性が強い。

◎中西旭と三浦関造・田中恵美子

前書『綜合ヨガの創始者・三浦関造の生涯』で、「三浦先生を語る」という（三浦関造氏長女で竜王会第二代会長の）田中恵美子氏への昭和六〇年時のインタビュー記事を再録したが（八九頁～一〇六頁）、その中で田中は、三浦と川面凡児とのかかわりに続いて、中西旭との関係についても語っている（一〇四頁）。

それによると、（戦後）田中が「川面さんの禊《みそぎ》で有名な中西旭という方に神智学を教わった」ことが告白されている。「その中西先生が、あなた、神智学協会に入会した方がいいよ、と述べて、（神智学のことを）全部教えてくれた」とあり、それから神智学に接触した旨述べている。

そこで、先に川面について調べて記したことでもあり、中西旭についても光を当ててみたい。

中西旭（一九〇五～二〇〇五）は、田中恵美子（一九一四～一九九五）よりも一〇歳程度年配で、一〇〇歳までの長寿を全うした。三浦関造（一八八三～一九六〇）より二二歳ほど歳下、川面凡児（一八六二～一九二九）より四三歳も歳下であった。田中恵美子が中西旭を知ったのは、父の三浦が他界して後のことであろうと推測すると、田中が四〇歳代後半のことであったと思われる。
以下、ネット上での調べに、主著の一つ『神道の理論』（神社本庁、一九五三年、たちばな出版、平成七年再版）を加えてその人物像の概観を紹介したい。

『神道の理論』は、敗戦後間もなく書かれたもので、連合国総司令部（ＧＨＱ）が、日本が戦争を起こしたすべての根源が神道であるとして、これを排斥しようとしたことに危機を抱いた中西が、ＧＨＱのマッカーサー司令部に提出した神道擁護の書である。古神道に流れる思想は、キリスト教や仏教や、近代哲学に通じる本質観を持っていること、すなわち、森羅万象は産霊《むすひ》の働きより生じ、神の本質は自己の本質であり、自己の本質は神の本質であるという「神人合一」「神人不二」「神ながら」の精神を神道は根底に持っているのであり、決して侵略的なものではないことを、古今東西の宗教や思想、キリスト教聖書、仏典、プラトン、プロティノス、エックハルト、ベーメの神智学や、ゲーテ、ベルグソン、シェラー、ヤスパース、西洋の近代哲学、さらに日本の佐藤一斎や二宮尊徳の思想、そして、エディングトン、ハイゼンベルグ、ラザフォード、シュレヂンガーなどの量子論を渉猟《しょうりょう》しつつ、神道がこれらと共通点を持っていることを力説している。

中西のこの論旨は、神道の有する哲学的・神学的深みを世界の宗教や思想と対比させて、世界宗教としての神道をつまびらかにした川面の方向性と軌を一にしている。

中西は明治三八（一九〇五）年七月一五日に東京で産まれ、一橋大学の前身・東京商科大学及び国学院大学を卒業し、商学博士号、公認会計士資格を取得、巣鴨高等商業学校教授、上智大学教授を経て、台北高等商業学校教授、台湾総督国民精神研究科指導官となるが、終戦と共に、昭和二一年に帰国。戦後に中央大学教授（大東文化大学教授・国士舘大学教授を兼任）となり、退職後・名誉教授に。

川面が創立した社団法人「稜威会《みいづかい》」の禊行に参加実践し、同時に、古神道の禊の源流の研究、言霊《ことだま》の研究、磐座《いわくら》の研究、そして、神話・古文書研究、縄文研究へと研究が深まっていった。戦後に稜威会会長に就任、やがて、神社本庁の教学顧問となり、神道の哲学的理論の中心的な存在となった。そして、日本を代表する古神道家として海外でも知られるようになり、神道国際学会設立に尽力し、会長となり、ロンドンやニューヨークでのシンポジウムに出席、会長辞任後は、特別顧問として会のアドバイス的役を務める。インドのＴＭ瞑想で世界的に著名な聖者マハリシ・ヨーギは、中西を「日本最高、世界最高の聖者」と称賛したという。

著書に、『神道の理論』(神社本庁、一九五三年、一九六三年)、『監査論・講義案』(三和書房、一九五三年)、『監査論講義』(三和書房、一九五四年)、『監査原論』(日新、一九六三年)、『神道の理論』(たちばな出版、一九九五年)、『尊皇の大義』(中西旭先生顕彰会、二〇〇七年)、ジュアン・エルベル著『神道・日本の原点』(神社本庁、一九七〇年)などがある。

このような影響力の大きい中西が田中恵美子に親しく神智学を伝授した背景に、中西が川面凡児と三浦関造と親密な関係にあったことが、明らかである。田中が父・三浦関造亡きあと、竜王会の会長に就任して、ブラヴァツキーの『シークレット・ドクトリン』などの神智学の本の翻訳に着手し、数々の神智学関連書を手掛けた源流に、中西旭の存在があったのである。

なお、田中が同じインタビューの中で追憶している箇所で、(昭和一六年に)『川面凡児先生伝』(みそぎ会静座連盟)を著した金谷真も、三浦が主催する竜王会に来ていた(前掲書、一〇四頁)とある。川面と三浦の親しい関係が暗示される。

第二章　三浦関造の親族たち(補遺)

この章では、『三浦関造の生涯』出版後に得られた親族たちの情報を提供したい。三浦関造の次男宙一及び三男日朗氏に関するものと、三浦の孫にあたる田中盛二氏関連のものである。

一　三浦関造の次男・三浦宙一氏の思い出

筆者(編著者)の住む近く、東京都杉並区西荻北四丁目に「けやきの見える家」という木曜日に自宅開放をされている樋口蓉子さんのご自宅がある。ときどきそこを訪れ、さまざまな催しに参加するのであるが、たまたま『三浦関造の生涯』を出版した二か月後の八月二五日に、ここで渋谷区代々木の「山口音楽教育センター」主宰の山口貞好《さだこ》さんと、お孫さんで優れたヴァイオリニストの松原督《ただし》さんらの音楽会に参加した。とても感銘を受ける演奏であった。自己紹介時に、三浦関造の次男・三浦宙一の名前が挙がったので、驚いて、演奏会が終わった時点で、お話を伺うと、なんと、山口さんは三浦宙一《ちゅういち》氏の音楽の教え児であったとのこと。彼女が中央区八丁堀の京華小学校の生徒(五・六年生)であったときに三浦宙一氏は彼女の音楽の教師であり、「私が今あるのは三浦宙一先生及び三浦一族のおかげ」と話されたのである。上の写真は三浦宙一と山口(旧姓高安)貞好《さだこ》。

○

後日、『三浦関造の生涯』をお送りすると、返信で、「昔のことが走馬灯のように思い出され、胸がいっぱいになりました。何十年もたって三浦家とのかかわりが改めて明らかになり、全く感無量です」とあり、以下のような関係を記してくださった。

三浦宙一《ちゅういち》（一九一六〜一九九五）は、前書でも紹介したように、ＮＨＫの音楽担当学校放送部副部長、のちに部長となり、音楽評論家として著名な野呂信次郎（一九〇九〜一九八七）と無二の親友であった。後日の山口さんのお手紙によると、「三浦宙一先生は大変神経細やかな方で、良いところの御坊ちゃんという感じの方で、武蔵野音楽大学を卒業なさっていましたので、私も音大を受けるように勧められました」とのことである。また、山口さんは、三浦関造の妻ハルの実兄で英文学者・戦後の青山学院初代学院長を勤めた豊田実の妹の、著名なソプラノ歌手・三宅春恵（一九一八〜二〇〇五）の夫でピアニストの三宅洋一郎（一九一四〜一九九四）にも一時ピアノを習われたとのことである。三宅洋一郎は合唱指導者として有名で、長年日本女声合唱団指揮者を務め、かつフェリス女学院短期大学教授のち学長であって、三宅洋一郎の遺志にもとづく、日本音楽コンクールのピアノ部門で、もっとも印象深い演奏をした者に「三宅賞」が与えられている。

山口さんは、このような出会いから、三浦一族と懇意となり、三浦春子（ハル）夫人は「とても正直でまっすぐな方で、明るくて、おしゃれな方」などと記していただいた。また、「不思議な縁で私の主人の兄・純三の二番目の奥様が（三浦）日朗さんの娘さんです」とのこと。ぜひ、この方（美和子さん）に『三浦関造の生涯』を贈りたいので一冊送ってほしいとの願いがあり、お送りしたところ、大変に喜ばれたとの報告があった。また、「私の女学校（現駒場高校）の制服は、（三浦関造の次女の）瑞子《みずこ》さんが作って下さったもので、長男・暁一さんの娘さんお二人（故・瑛子、直子）は、うちにヴァイオリンとピアノを習いにいらしていました」とのことである。（直子さんはのちにフェリスを卒業）そして、かつての貴重な写真を送っていただいたので、ここにその一部を紹介したい。その写真の説明として、山口貞好さんの主人・山口元男氏は武蔵野音大の弦楽科を首席で卒業し、音大で教えておられたこと、弟は芸大の邦楽(尺八)の教授で、人間国宝であることなどが記されてある。

そこで、親しくお話をうかがうため、かつ、主宰されている「山口音楽教育センター」の活動について知るために、二〇一七(平成二九)年八月三〇日に、渋谷区代々木三丁目の自宅兼音楽教育センターを訪問したところ、山口貞好氏(当時八六歳)と、娘さんで障害児の音楽教育にたずわる松原元子様が快く対応して下さった。ヴァイオリンやピアノレッスン室兼応接間には、ヴァイオリニスト浦川宜也、バルトーク、シゲティ、ベニー・グッドマンの共演写真、諸音楽活動の写真やアルバム、三浦宙一氏が手書きで丹念に模写した楽譜、NHKのガリ版刷りの台本、演奏時の新聞の切り抜きファイル、コンサート用のリーフレットなど、音楽史上貴重な史料が所狭しと保存されていた。中には、三浦関造の次女(赤嶺)瑞子さんが作った女学校の制服の写真もある。

以下に、うかがった話を整理して記そう。

〇

(一)　三浦宙一の功績の一つは、琴古流尺八の家元・山口四郎の四男・元男(武蔵野音楽大学卒のヴァイオリニスト)と、その夫人貞好(同窓のピアニスト)と、五男・五郎(尺八奏者)及び保子夫人(箏奏者)を結び付け、「みどりの新三曲研究会」を結成し、演奏活動を企画し(第一回は一九六〇年、四月三〇日、銀座ヤマハホール及び数回の、山口元男・五郎作品発表会、日本の子守唄や民謡及び「浜辺の歌」「春の海」などの邦楽器と洋楽器の共演のCD『日本の調べ』ビクターなど)、邦楽器と西洋楽器とのコラボレーションの先鞭をつけたことにある。

三浦宙一は戦時中に北京のNHKで音楽放送担当者として勤めた関係で、戦後、野呂信次郎と共にNHKの音楽放送に携わった。戦前、小学校五年生と六年生の旧制高安(山口)貞好の音楽を中央区の京華小学校で指導し、また、テイチクレコードの専属歌手としたのみでなく、戦後、府立第三高等女学校在学中の高安（山口）貞好を一六歳から五〇歳の間レギュラーのＮＨＫ学校放送伴奏者（音楽コンクールほかで）に導いた。そして一九五五（昭和三〇）年に、ピアノ奏者の貞好がヴァイオリニストの山口元男と結婚したことで、その弟で尺八奏者（のち人間国宝）の山口五郎及び箏奏者の保子夫人とを結びつける「みどりの新三曲研究会」を結成したのであり、これは日本の音楽史上、画期的なことであった。

（二）　山口音楽教育センターでの自閉症などの障害児へのヴァイオリン演奏を中心とする音楽指導。

これは直接三浦宙一と関係はないが、教え子山口貞好の夫の山口元男が一九七七（昭和五二）年に伊豆逓信病院で自閉症児に出会ったことがきっかけで、音楽による発達障害児の治療教育に取り組むようになり、伊豆逓信病院リハビリテーション科講師となったり、小児精神神経学会で「学習障害児の音とリズムの障害」を発表する一方、山口音楽教育センターで障害児のヴァイオリン演奏指導を続け、音楽による障害児童の教育という分野を開拓している。この山口元男の治療教育への熱意と実践を、障害児教育専門家の山口貞好さんの娘・元子さん（ヴァイオリニスト、フルート奏者で、白百合女子大大学院修士課程で障害児研究を専攻）が障害児の教育にたずさわり、元子さんの弟で貞好さんの息子・元久氏（ビオラ奏者）も障害児の指導にもあたっておられる。さらに、山口貞好さんの孫で娘さんの元子さんの息子である、ヴァイオリニストの松原督《ただし》氏（チェコ音楽コンクール入賞や東京音楽大学器楽（弦楽器）科首席卒業など）はヴァイオリンによる演奏活動をする傍ら、東北大学大学院医学系研究科障害科学専攻博士前期課程音楽音響医学分野で、音楽による治療（医療）について深く学ばれた。また彼は、高校生時代から障害児と共演し、祖父の山口元男がドイツ留学から帰国後一九七二（昭和四七）年に長野県佐久市で始めた「佐久サマーコンサート」（二〇一七年現在第四五回、途中から障害児も参加するようになった）で現在も、佐久での合宿などを通して、障害児のヴァイオリン指導を行っている。障害児の絵画指導は宮城まり子さんの「ねむの木学園」などいくつかあるが、音楽による障害児の指導は国内外を通してまれなことであるという。ヴァイオリンによる障害児指導は、障害児の右脳の活性化と、伴奏者や共演者と演奏を通して人との協調性を育てることになり、ヴァイオリン演奏指導が有効なリハビリ効果となっている。さらに、障害児は、演奏活動を通して達成感や成功感を味わい、生きる自信を獲得する。

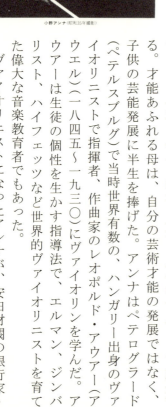

（三）　小野アンナ芸術の継承

小野アンナ（昭和35年撮影）

小野アンナ（一八九〇～一九七九）は、ロシア帝国時代の官僚である父と、音楽と語学に秀でた貴族出身の母のもとで、ブブノア三人姉妹（ピアニストになった長姉マリア、美術家になった次姉ワルワーラ、ヴァイオリニストになったアンナ）の一人として成長する。才能あふれる母は、自分の芸術才能の発展ではなく、子供の芸能発展に半生を捧げた。アンナはペテログラード（ペテルスブルグ）で当時世界有数の、ハンガリー出身のヴァイオリニストで指揮者、作曲家のレオポルド・アウアー（アウエル）（一八四五～一九三〇）にヴァイオリンを学んだ。アウアーは生徒の個性を生かす指導法で、エルマン、ジンバリスト、ハイフェッツなど世界的ヴァイオリニストを育てた偉大な音楽教育者でもあった。

　ヴァイオリニストになったアンナが、安田財閥の銀行家・小野英二郎（日本興業銀行総裁）の長男で、東京帝国大学理学部卒業後ペテログラード大学自然科学科動物学教室に留学中で、そこで日本語講座を持っていた小野俊一（一八九二〜一九五八、後の昆虫学者、社会運動家、ロシア文学翻訳家）と出会って恋愛し、ロシア革命混乱期の一九一八（大正七）年二月に現地で大急ぎで結婚（十月革命により日本政府はペテログラード駐在大使の召還と自国民の帰国指示により、二人は大急ぎで結婚）。小野俊一は、当初ドイツのマールブルク大学に留学する予定であったが、折から第一次世界大戦の勃発によってドイツが参戦し、やむなくロシアに留まることになったのであるが、当時のロシアの動物学は標本等に富んでいて進んでおり、結果としてはロシア滞在は正解であった。ところがアンナに出会ったのもつかぬま、ロシアにおける革命の勃発は、彼のさらなる滞在を赦さなかったのである。一八一八（大正七）年二月、二人は革命下のロシアを離れ、東京に赴いた。二人は飯田橋駅近く富士見町に洋館を持つ小野家に迎えられ、アンナは雑司ヶ谷でヴァイオリンの塾を始め、日本で息子の俊太郎や諏訪根自子《すわねじこ》などのヴァイオリン早期教育に従事する。

注：一九一一（明治四四）年五月、アンナ、帝室ロシア音楽協会サンクト・ペテルブルグ音楽院卒業（一九一三年コンセルヴァトワール音楽院卒か）。ボロフスカヤ音楽学校で教え、また、たびたびコンサートに出演。のちに俊一がコンサートでアンナを見たのは、俊一が二二歳、アンナが二四歳の時であった。

一九一四（大正三）年七月、第一次世界大戦勃発。

一九一四年秋、小野俊一、ペテログラード大学動物学教室に通い始める。

一九一七（大正六）年一月、俊一、同大学ドーゲル教授助手に。

一九一七年三月、ロシア、二月革命。皇帝退位。

一九一七年一一月、十月革命。レーニン、ソヴィエト政府組織。

一九一七年十二月、日本政府、駐露大使館員総引き揚げの訓令。

一九一八（大正七）年二月二四日、俊一とアンナはペテログラード、スパノ・プレオプラジェンスカヤ寺院で結婚。その日のうちに、二人はペテログラードを経って、モスクワに。そして日本に。
（以上、『回想の小野アンナ』小野アンナ記念会、音楽の友社、昭和六三年の、小野有吾「父とアンナさん」より。）

ヴァイオリン演奏の才能を発揮していた一四歳の息子・俊太郎をアメリカ在住の優秀なヴァイオリニスト・ジンバリストに就かせるべく、母子ともにアメリカ行きの準備をしていた矢先、一九三三年に俊太郎が盲腸炎を悪化させて死去した。それぞれの専門に専念したい俊一、アンナ夫婦は離れざるを得なくなり、一九三五年にアンナは俊一と協議離婚。アンナは最愛の息子を失って、息子の眠る多磨霊園に日参し自死をも思いつめるまでになったが、なんとか試練を克服し（御茶ノ水のニコライ堂で祈りをささげるなど）、以後、日本に留まり、日本のヴァイオリニストを育てることを決意する。もしアンナが息子と共にアメリカに渡っていたら、日本のヴァイオリン界の飛躍的な向上はなかったに相違ない。なお、同居していた母は七年後に他界し、俊太郎と同じ多磨霊園に葬られる。アンナは「小野アンナ」の名前のまま、ヴァイオリンによる音楽教育活動を続け、戦前戦後を通して、諏訪《すわ》根自子《ねじこ》、巖本真理、浦川宜也《たかや》、前橋汀子《ていこ》、今井信子、潮田益子ら日本を代表するヴァイオリニストや、ヴァイオリン演奏指導者などさまざまな音楽家を育てた。山口元男も弟子の一人であった。そしてその妻・山口貞好は、しばしばヴァイオリニストたちの伴奏を務めた。

戦時中、アンナとワルワーラらは一時軍により強制的に軽井沢に疎開させられたが、戦後、幸いに焼け残った飯田橋富士見町の小野家の土地に、かつての夫・俊一から迎えられ、俊一の後妻・浪子から献身的な世話を受けた。その後アンナは、俊一が重病となり、財産を失うと、小野家に経済的支援をしている。アンナは戦後に武蔵野音楽大学ヴァイオリン科教授として後進の指導に当たり、また、桐朋学園子供のための音楽教室でも子供のヴァイオリン演奏を指導した。このようにしてアンナは、日本のヴァイオリン教育が未成熟であった草創期に四〇年以上日本に留まり、二〇〇〇人以上のヴァイオリニストを育てた。一九四六年に、かつての教え子たちは「小野アンナ女史後援会」を作り、一九五七年には、アンナ・ドミートリエヴナ楽壇生活五〇年を祝う催し物が開かれ、弟子たちが演奏を披露した。

故郷にいる長姉のマリアからの、歳をとり、身体の具合がよくなくなったので、帰国して一緒に暮らしてほしいとの便りにより、一九五八(昭和三三)年に、それまで一緒に過ごしていた姉のワルワーラが先に帰国し、黒海沿岸のグルジア共和国の保養地スフミに移住、芸術活動を続けた。なぜ、スフミかと言えば、マリアの夫が事故で体を病み、夫の療養の必要から温暖なこの地に移り住んだのであった。ワルワーラの帰国後一年後の一九五九(昭和三四)年にアンナは日本のヴァイオリニスト養成の功績により勲四等瑞宝章を国から贈られている(小野アンナ記念会編『回想の小野アンナ ――日本のヴァイオリニストを育てて半世紀』音楽の友社、昭和六三年)。姉ワルワーラに引き続きアンナは七〇歳で、日本を離れ、姉たちのいる祖国ロシア(ソビエト)のスミフに帰国した。彼女を慕う大勢の弟子たちを日本に残していくのは辛かったが、やはり故郷の土地と姉たちとの絆は深かったのである。アンナはスフミ音楽学校で教えたのち、一九七五年五月に逝去した(イリーナ・コジェヴニコワ:米川哲夫訳、『バイオリニスト、教育者・小野アンナ・ブブノア―生誕百年を記念して ――』(小野アンナ記念会)。享年八九。

アンナはスフミで亡くなった後、多磨霊園に姉ワルワーラと共に分骨され、二〇一六(平成二八)年五月一五日に記念碑が除幕された。このとき山口夫妻の孫・松原督氏がシューベルトのアヴェマリアを弾いて献納した。

小野アンナは早期英才教育の提唱者として知られ、『ヴァイオリン音階教本』(音楽の友社、一九六一年)は、日本のヴァイオリン教育に多大な貢献をしている。小野アンナの弟子、孫弟子たちで作る

「小野アンナ記念会」の事務局が現在、「山口音楽教育センター」に置かれ（武蔵野音楽大学で小野アンナに師事した山口元男が一時会長を務めた）、毎年、懇親会、コンクール、オーディション、コンペティション、特別演奏などが行われている。なお、芸術家・オノ・ヨーコ（小野俊一の弟の娘）の叔母に当たるのが小野アンナであった。

○ここでアンナの姉ワルワーラについても触れよう。

アンナの姉で画家のワルワーラ・ブブノワ（一八八六～一九八三）は、幼い時に小柄であり、手が大きくはなかったので、母は音楽ではなく美術の道を勧め、その道で才能を発揮していた。

ワルワーラは、日本に渡っていた妹のアンナとその孫・俊太郎に会いたいという母の切なる願いをかなえるべく、一九二二（大正一一）年に母と共に来日、アンナの家族と共に住む。アンナが日本に着いてから約五年後のことである。絵巻物や水墨画などの日本の芸術に魅了され、日本版画協会会員となり、版画やリトグラフ、水彩画などの個展を開き、その芸術が高く評価され、著名な画家の恩地幸四郎や版画家の棟方志功ら日本の芸術家たちと交流し、彼女の独特な画法が彼らに多大な刺激を与えた。また、早稲田大学、北海道大学、東京外国語大学等でロシア文学の講師として教え（特に詩人プーシキンの芸術について専門的に教えた）、日本のロシア文学者たちを育て、約四〇年間日本に滞在し、日露文化交流に尽くした。

一九二七（昭和二）年、ワルワーラが東京外国語大学講師に就任した年の夏に、ロシア人ゴローフシチコフと日本で結婚、困難であった戦時中も苦楽を共にしたが、終戦後間もない一九四七（昭和二二）

年に夫が急逝し(享年五〇)多磨霊園に葬られた。一九五八年にソ連に帰り、グルジア共和国の首都スフミ市で、一足遅れて帰国した妹アンナと共に暮らし、芸術活動を続けた。アンナの死後レニングラード(現サンクトペテルブルク)に移り、一九八二年に日本政府から勲四等宝冠章を受賞。翌年永眠した(コジェーヴニコワ著(三浦みどり訳・江川卓監修)『ブブノワさんというひと』群像社、一九九八年)。すなわち、一九八三年に一〇〇歳近い高齢でワルワーラはこの地で永眠した。妹のアンアと共に、日本の芸術活動と教育に貢献した生涯であった。

このような「山口音楽教育センター」の日本の音楽界ひいては芸術界への貢献は、間接的であるにせよ、淵源には、三浦宙一の存在があったのである。

ところで、昭和四七(一九七二)年一一月二三日に(埼玉県)大宮市民会館小ホールで開催された「大宮ピアノ教室」による、「第一回　ピアノ発表会」(後援・株式会社カワイ楽器)プログラムで、演奏者・三浦宙一に関する「講師・三浦先生のプロフィール」(カワイ音楽教室本部・吉村英二)を紹介したい(山口貞子氏提供で)。当時の三浦宙一の活動を簡潔に伝えている。

「三浦先生は昭和一二年に武蔵野音楽校本科ピアノ科を卒業され、在学中はマリオン・ユンケル女史およびパウル・シュルツ教授に師事されました。

以後、同氏は幼稚園から大学までの教鞭をとられたかたわら、ＮＨＫでは教育局音楽専門部長として学校放送をはじめ、創造教育を手がけられ、文部省では音楽科委員として学習指導要領の作成に従事されてこられました。

また、欧米の音楽教育や東南アジアでの民族音楽教育の視察と研鑽ならびに国際会議で発表等のため海外には数回旅行され見聞を広められておられます。

特に国際会議での発表は音楽教育だけにとどまらず美術教育の部門まで及んでおります。

また、音楽教育では世界の三つの柱といわれております「リトミック」をはじめ、オルフやコーダイの即興演奏や音感教育を学ばれたほか、最近では全米音楽協会(M・E・N・C)での新しい動きとしての創造教育等も身に付けられております。

第三部で上映されます映画「リズムに生きるこどもたち」は同氏の作品で、海外でも反響を呼んだものですので期待にそえるものと信じます」。


次に「講師すいせんのことば」(武蔵野音楽大学講師・作曲家・保田正)には、こう記されている。


「三浦さんとは武蔵野を同期に卒業しました。在学中から三浦さんの人柄にふれてよくお宅におじゃましたものです。

その時は、いつも一心にピアノを練習中で、今でもそのころのベートーベンのワルドシュタイン・ソナタは耳に残っているほどです。わたしはそれに感激してろくに話もしないで立ち去ったものです。

以来、三浦さんは今日まで一貫してNHKの教育局で音楽教育分野に敏腕を発揮されるかたわら、文部省では学校教育の改善にも努力されてきました。

また、音楽教育の三大メソッドの理論に関しては、日本における権威者の一人でもあり、同氏の音楽教育論はむしろ海外で知られ、全米音楽教育会議の機関誌にも掲載されているほどです。

今回、「大宮ピアノ教室」の新設にあたっては心から祝福を送ります。なぜならば、三浦さんは音楽教育について卓越した理論とピアノの演奏に対しては、異常なほどの執念と情熱の持ち主だからです。

きっと、すばらしいレッスンが展開されるものと期待いたします。」

ちなみにここで、ＮＨＫ放送教育で同僚であった前出・野呂信次郎が、三浦関造逝去後の昭和三五（一九六〇）年四月三日に、三浦関造の母校・青山学院本部礼拝堂で行われた三浦の告別式で、平凡社社長の下中弥三郎、東洋大学総長・大島豊に続いて以下のような弔辞を述べているので紹介したい。（三浦関造の長女でのちの竜王会後継者・田中恵美子による解説と共に。）

弔辞《ちょうじ》　野呂信次郎

――野呂信次郎氏は、（三浦関造の）次男・三浦宙一（ＮＨＫ勤務、学校放送音楽担当）のお友達でいらっしゃいます。口頭で弔辞いただきましたので、次にその大要を述べさせていただきます。――

「私は三浦先生（編著：三浦関造）のご次男の宙一さんの友人で、先生（編注：三浦関造）とは、宙一さんの結婚式の時に一度お目にかかっただけございます。私と先生（三浦関造）とは、同じ青山学院の神学部を卒業しました。

　私が少年時代、人生についていろいろの悩みを持っておりました時、友人の一人が一冊の本を私に貸してくれました。その本が三浦先生の『新旧約聖書物語』でした。この本によって私にキリスト教生活の眼があけられ、それからの人生への指針をはっきりとつかんだのでした。三浦先生とはどこのどなたかも存じませんでしたが、お名前だけははっきりと頭に刻み付けておりました。そして二〇年後はからずも、ＮＨＫで宙一さんと知り合い、三浦関造先生はそのお父様ということを知り、その奇遇に驚きました。いろいろな事情でその後私は教会の仕事から離れておりますが、宙一さんとは無二の親友となり、今でも讃美歌を歌う会をつくって、皆で集まっています。

　三浦先生は、種まきの仕事をなさいました。少年、野呂信次郎の胸に蒔いてくださった美しい種子を、三浦先生は全国津々浦々に蒔いてくださいました。やがてその種子は芽をだし、花を咲かせ、そして枝もたわわな、美しい実をみのらせることでしょう。

――野呂信次郎氏は力強い、心琴にふれるお言葉でお話しくださいました。到底私のつたない筆で再録することはできませんが、私の心に残りましたお言葉の大要のみ書かせていただきました。

（田中恵美子）

二　三浦関造の三男・三浦日朗氏

今回、前述のように、ピアニストの山口貞好（さだこ）様との関係で、三浦関造師の次男・三浦宙一氏について明らかにすることが出来たが、本書校正の最終段階において、山口様から私に電話があり、三男・三浦日朗氏の娘に当たる山口美和子さんから編集者である私に連絡したい旨の希望と連絡先が伝えられた。そこで美和子さんに電話をすると、美和子さんの入院先の病室にかかり、故日朗氏について親しくお尋ねすることが出来た。山口美和子さんはかつて服飾デザイナー及びスタイリストとして活躍されると共に、二〇歳台には、癌治療で高名な中山恒明医師の「中山がん研究所」（通称「中山がんメディカル・クラブ」在・銀座）に受付等事務員として勤務し、ここで理事長の秘書であった山口純三氏と出会い、二八歳でご結婚なされたとのこと。そこで以下に明らかになった内容を記載したい。

山口美和子さんは、日朗氏の三人兄弟姉妹の二番目の娘に当たり、姉が、純恵（すみえ）、弟が芳嗣、ご自分は山口貞好さんの夫・山口元男氏の兄・純三氏の妻に当たり、山口貞好さんの親しい親類に当たるため、前書『三浦関造の生涯』が山口貞好さんによって美和子さんに送られた。三浦美和子さんはこの本を読んでいたく感慨を覚え、読後に難病で入院先の町田市の鶴ヶ丘ガーデンホスピタルの院長を始め看護師などに回し読みしていただいているとのことであった。

日朗氏は東芝を五十五歳で定年退職したのちに、左利きを克服すべく中学生時代から打ち込んでいた書道に精進し、日本芸術院特別賞や産経国際書展で最高賞や特選など、各種書道展で受賞し、日本書道教育学会の筆頭師範・三宅剣龍設立の「神龍会」・常任理事、産経国際書会・会友、産経書のアート協会・審査会員を務めた。日露戦争時に日本海海戦で日本海軍を勝利に導いた東郷平八郎元帥を偲ぶ、「興国の鐘は鳴る」という戦勝記念の書を鋳造し、これを東郷（平八郎）神社（渋谷神宮前）に奉納するほどであった（毎年平八郎の誕生日にこれが公開される）。このレプリカが横須賀市の戦艦三笠記念館の中にもある。なぜ「興国の鐘は鳴る」かというと、日露戦争時の連合艦隊旗艦三笠に時刻を告げる鐘があり、ロシア艦隊を発見した時、この鐘を合図に三笠は「敵艦見ユ……」と大本営に打電し、国際信号旗（Z旗）を掲げて、「皇国ノ興廃、此ノ一戦ニ在リ……」としたことに因んで、この「興国」が後に「興国の鐘」といわれるに至ったのである。後日東郷元帥は「興国の鐘」を自ら揮毫《きごう》し、これが東郷神社や三笠記念館に納められている。

１９８５年当時の親族写真：前列左より、田中恵美子、三浦日朗、水野いつ子、赤嶺瑞子、大島正子（大島七朗の妻）、後列左より赤嶺稔（瑞子の夫）、三浦宙一、大島七朗　（田中盛二氏提供）

このように長男・暁一氏は画家（油絵）、二男・宙一氏は音楽家（ピアニスト）、三男・日朗氏は書家、五男・大島七朗氏は俳人であるなど、詩人である芸術家の三浦関造師の血脈がその子孫に流れていることに感嘆せざるを得ない。

本書の裏表紙の三枚の叙情溢れる書画、「赤とんぼ」二作と「赤い靴」（書画集『闘病記・雑感其の一』に収録）も三浦日朗氏の作品である。

三　三浦関造の孫・田中盛二氏を通して

ほかに三浦の長女・田中恵美子氏の次男・田中盛二氏にうかがったことを、ここに感謝と共に書き添えておこうと思う。（平成一五年一二月一一日と平成一六年八月二七日のメモより）

○祖父・関造は教育分野における功績で、出身地の福岡県吉井町の名誉市民に選ばれた。
○祖母にあたる三浦ハル（春子）さんは、お茶やお花を教えていた。
○母の田中恵美子は戦後一時、夫と共に教師を辞めて衣類関係の商売をしていた。
○母は晩年、田無市の家（竜王会本部）で、ブラバツキーの『シークレット・ドクトリン』の翻訳に打ち込んでいた。
○叔父の暁一氏（母の弟、関造の長男）が母の手伝いをしていた。暁一氏は三井銀行勤務の銀行マンであったが油絵を描いた。退職後は本格的に描き、展覧会に出品し、また個展を開いた。
○叔父（祖父関造の三男で母の弟）の三浦日朗は東芝電気勤務の会社員で、書を趣味とし、退職後に書道に打ち込み、新聞社主催の書道展に入選するなどの域に達していた。
○母は、よく気の付く気遣いの人であった。
○盛二氏は、東京生まれであるが戦時中に疎開先の群馬県で育ち、高校生の時に上京した。
○盛二氏自身は、公務員を務め、最近退職した。
○盛二氏の夫人・田中祐子さんは最近まで女子美術大学の講師であった。
○画家の横尾忠則氏が（有名になる前）田無の竜王会本部に頻繁に出入りしていた。

さらに、田中盛二氏を通して、三浦関造の末娘である、現存の米国シカゴ在住の水野いつ子さんの略歴が送られてきたので、紹介したい。
○青山学院を卒業と同時に、一九五六(昭和三一)年に渡米。ミズリー州カンサス市の四年制キリスト教徒訓練のためのナショナルカレッジに入学。翌年イリノイ州エヴァンソトンのガレット・ビビカル・セミナリーに転校し一年間学ぶ。翌一九五八年に、日系二世・水野テッドと結婚。テッドは米国の高校卒業後に翻訳官として一九四九年から一九五一まで日本に滞在、除隊後にノースウエスタン大学で学び、卒業後に家事の手伝い、商社勤務をした後、米国政府の社会保障課に勤務した。テッドの父は明治二五年に三重県桑名市で生まれ育ち、一九二九年に二等航海士として北米航路海運丸でシアトルに上陸し、そのままシアトルにとどまった。母の永松静枝は福岡県浮羽郡田主丸で生まれ、二歳の時両親がハワイに移民となって移住。日本で祖母の手で育てられたが、祖母が亡くなって、一九二〇年一月に米国の両親のもとに来て、後に両親と共にシアトルに移り住み、育った。
○水野いつ子さんは、結婚後、一年間、日本国シカゴ領事館で勤務したが、一九六〇年に長女、六三年に長男、六六年に次男を産み育てた。子供たちが成長した一九七五年にシカゴ公立小学校のバイリンガル教師となり、一八七九年から一九九六年までシカゴ公立学校マーリー校で長年日本語の教師を務めた。この間にノースイースタン州立大学で修士号を取得。一九八五年には、フルブライト奨学金で一夏日本に留学し、一九九二年に、米国政府奨学金で日本で一夏研究留学した。また、一九九五年に「シカゴ市シニアシティズン殿堂」入りとなり、翌年退職した。退職後は大学の日本語教師をしたり、日系一世の収容所時代の体験などのオーラル・ヒストリー取材、翻訳、日本文化、日系人の戦時中の体験の紹介等を行っている。
三浦関造の子孫から、こうして米国で活躍する人物も現れているのである。

第三章　三浦関造及び弟子たちの霊的体験

『三浦関造の生涯』を出版して間もなく、竜王文庫社長の原忠氏から、過去の『至上我の光』誌に三浦師の弟子たちの霊的体験談が載っているとして、その三編ほどの体験記事を誌上で紹介された。これにちなみ、編者がほかに見つけたものを加えて、ここに掲載し、三浦師の弟子たちへの霊的感化の一端を示したい。

一　野村宗輝（京都）（昭和三三年当時）

三浦先生

・・・大任をいただきました同日午後四時八分に岐阜に到着、坂井様ご夫妻の出迎えを受けまして、直ちに坂井様の岐阜市内の事務所に赴き、次男・通さんの空胴に対する説明の後、ソールエネルギー治療を致しました。

午後三時三〇分ころ、後藤よし様方へ赴きました。ここではすでに受け入れ態勢が完了しており、会員の方が数名待っておられましたので、早速、山口の中務覚様に関する出来事より、「マニ・ヨガ」に関するお伝え、『輝く神智』の内容、法則を基本とした私の体験談より皆様の質疑応答に移り、十二時前に完了いたしました。

翌土曜日は後藤さん、山田さんのご依頼によりまして、早朝より近くの重病の老婦人の治療に参りました。この人は、日中は一歩も外出ができません。昼間は暗幕で室内を暗くして豆電球をつけて寝ておりました。両手首の関節が屈伸不能の上、痛み、左足は一年前にアキレス腱を切ってから屈伸不能となり医師やその他の治療を十か月も致しましたが、効果なく、その他の神霊治療を施しましたが悪くなるばかりとのことでした。また、この人は親娘二人暮らしで、娘さんが勤めて生計を立てている気の毒な人で、後藤さんが常に訪れて真理を説き、力づけておられました。

早速、先生から教え頂いた最高治療を施しました結果、約二十分位で手足が自由になり、痛みも取れました。本人は涙を流してお礼を申しておりました。その場におられた後藤さん、山田さんも共に大変喜んでくださいました。

帰宅して三十分もしますと、右の事実を聞いて、手足の不自由な人、その他あらゆる治療や医療を受けても治らなかった重病人が一六人見えましたが、これまた完治治療いたし、皆々様より感激、悦びのお礼の言葉をいただきました。

坂井様のご令息も父上も、初日には治療にも真理のお伝えにも半信半疑の様子でしたが、この日に眼前で不自由な手足が自由になり、痛みが取れて行く実況を見ましたので、何等疑う余地なく、私の言うことを心の底から信じてくださるようになり、治療するのが容易になりました。これもひとえに、先生を通じ大救世主の道からの御働きと、感謝しております。

次の日も午前九時より午後七時まで一六人の治療をなし、真理をお伝えさせていただきました。この日坂井様のご令息には、二回治療させていただきました。結果、空胴内の病状が完全に健康状態の細胞組織に復したことが、私独自の感覚で診断することが出来ました。ご本人のご希望通り翌月曜より学校にも出られるようになり、ご本人はむろん、ご両親も大変感謝してくださいました。・・・

三浦先生

・・・さて私は数日前に太陽叢の大浄化を致しまして、二日間床に伏しました。強い下痢《げり》と痛み、震えを伴いましたが、その都度自己治療二、三分で止まり、三日目には起きまして、平常通り家の手伝いの余暇、愛の奉仕をさせていただいております。

この浄化により光の度が増してきました。十月五日は午前九時四十分ころと思います。心臓の中心を瞑想中、最初青色光に金色の周囲のある中円形を拝しましたので、あゝありがたい有り難いと思ってみておりますと、それが薄くなり、小粒のダイヤモンドのような白光が数百散らばり、やがてそれが数千個のダイヤモンドの大円輪になりました。あゝありがたい有り難いと思いながら拝しておりました、この世で到底見られないものでした。あゝこれ一重《ひとえ》に三浦先生の御教えとお導きの賜物と深く深く感謝しております。今まで私が見てきた光と全く異なる偉大な光です。

その後も毎日朝な夕なに光を見ながらオームを唱えて三浦先生に感謝し、大救世主に感謝し、三浦先生のご健康を願い、祈りをした後は、私の受け持っている病人様たちの全快を祈り、世界の病める者、悩める者に祈念を致しております。

あゝ幸いなるかな、われ光明の中に住す。

闇の現世に住んでおりましても、我が心は光明の世界にいる悦び、この悦びを一人でも多くの人に分け与えるべく伝道させていただきます。あくまでも救世主マニ・ヨガの一員として、働かせていただくことを悦んでおります。今後ともよろしく賜りますようお願いいたします。

――『至上我の光』第五六号(昭和三三年、一一月一日)第五頁参照

野村さんは、従来治療家として立っておられた方ではなく、剣道の師範でした。この方が『輝く神智』を、よくよく研究され、至心に廻向《えこう》して、私を師と仰ぎ、礼節正しく、廻向統一してしまわれた結果、癌でも小児マヒでも何でも立ちどころに完全治療が出来るようになられ、多くの重症患者が救われ、国際連盟事務総長は、野村さんをキリストだと言われました。皆さんも野村さんに倣って、キリストのようになってください。

『至上我の光』第五八九号(二〇〇九・平成一七年一二月号第六頁の、竜王：三浦関造(「暖かい愛と峻厳な道」より(旧『至上我の光』からの転載記事)。

二　S氏、白石孝氏

◎以下の文章は、三浦関造が『至上我の光』第一六号(昭和三〇年七月一日発行に書いた「テレパシー」から再録したものに、同じく三浦氏が『至上我の光』第三三号(昭和三一年一二月一日発行)に書いた「見よ　この青年」を再録したものである。同時期であることから、Sさんは白石孝氏であることがうかがい知れるが、確証がないので、最初の文章では、Sさんのままにしておく。

「テレパシー②」

・・・東京に帰って、一六日にSさんからお手紙をいただきました。封を切ると光が出てきました。五日も一二日も、私の心象通り念想が通じていたことが判りました。(三浦氏が地方に滞在中、五月(?)五日には大阪から、一二日には岐阜から東京方面にテレパシーで想念を送る予告をしていたところSさんとのみつながったことが記されている。)念想そのものは、私の魂と脳髄と心(マインド)の統一作用によるものですが、それが先方に通じますと、プラナー(絶対エネルギー)の活動となりますからテレビを見るよりも鮮やかに、霊的現象が具体的に起こります。Sさんは、五日と一二日の朝の瞑想中、左記の体験に入ったとお知らせくださったのであります。

○

一、五日の朝、瞑想中に煌々と輝く光の中で魂の新生をさせていただいた悦び、・・・ありがとうございますと泣き叫び、お姿に抱きつき、身ももだえる感激でございました。高慢、悪欲を捨てることを誓い、浄光の自我発見をさせていただきました体験を、まことにまことに有り難く感謝いたします。

二、十二日午前十時、瞑想中に大師さまのお姿が神々しく輝く中に、私が入ってしまったような、大師さまのお力が私に入ってくださったような感じでございました。

以上の報告であります。発表をちゅうちょしましたが、大切な心得を申し上げる必要ですので、右、ありのまま申し述べました。

○

Ｓさんは、この体験のずっと以前から、慈愛と美徳の行《ぎょう》の方です。至純敬虔で正しい考えと奉仕の心が無かったら、Ｓさんのような最も高いテレパシーはあり得ません。

おかしなことには、毎朝五時ころ祈ってくださるはずの人が、黒雲に覆われて見えないのは、寂しい思いがしました。

◎「見よ、この青年」（白石孝君のお手紙）

「・・・私みたいな者が今まで一度もおしかりを受けたことがなく、反対にいつも激励してくださいまして、限りないお優しいさに思わず涙が出ます。静かに忍耐強く時の来るのを待っていて下さる先生、ありがとうございます。心を静めてみ心通りに精進努力いたします。機会が近づいてくるのはわかりますが、心の反乱軍が魂の不落城を攻撃してきます。なかなか執念深いやつですが、われには、サナート・クメラあり、大救世主あり、三浦先生ありとの自覚が強くなるにつけ、魂の聖軍の抵抗力が著しく強くなってまいりました。

まことにお恥ずかしい次第ですが、去る五月十一日、新時代のことを考え、大救世主に一生を捧げて奉仕させていただくことに非常に嬉しく思いました。午後十時ころ瞑想していますと、今までより、ズッと強烈な青みを帯びた金色の光が爛《らん》として細胞から輝き出ました。この精神でわれは行くと思いました時、自分は肉体ではなくて、魂であるとの自覚を得ました。あまり強い光なので、びっくりし出し興奮しました。

日を忘れましたが、朝十時、太陽の瞑想をしていますと、青い光に十字架が現れ、十字架を超えて聖なる方が右手を挙げて立っておられるのを見ました。その瞬間偉大な力に触れ、まぶしいそのお姿を見ていますと、金色に輝いて太陽の中に吸い込まれるようにして消えていかれました。

五月以来、瞑想中に肉体が透き通るように思え、左半身から磁力が入ってくるのをハッキリと意識します。その時左手を挙げますと、強い磁力の流入を感じます。肉体が透明になった感じになりますと、大師がそばに立っていらっしゃるように思えます。

天使はいつも私の傍にいて、私を守護してくれています。その姿は見えませんが、オーラはたびたび見ています。天使のオーラは見ようと思えばいつでも見えます。

〇

私は孤独ですが、もう孤独を悲しみません。統一の体験に入って、聖なる団体の一員として私の義務を遂行します。私が音楽をやることが神のみ心ならば、オルフェイスのように歌によって人々の魂の向上に貢献します。人類のためにご奉仕できるヨガの歌手になりたいと思っています。」・・・

〇

竜翁(三浦氏)、白石君に応えて言う。

「孤独貧窮の中に君の荘厳な意気！
大救世主の祝福あれ！
丹念に短い詩を作れ！
自分で作曲せよ！
学校に学ばず、音楽学校に縁なくても、神は宇宙の大音楽者である。
満天の星は歌って、君に天来を鼓舞している。
自分の詩に自分で作曲して、森の丘に歌え！
魂で歌え！　天使が感動して合唱する。
決して不幸を嘆くな。
不幸を嘆くと、音楽の天使は逃げる。

森の中からオルフェイスが君を見ている。
寝ても覚めてもオルフェイスと共にあれ。
頑丈《がんじょう》な君の肉体に、細胞の一粒も残らず、音楽そのものとなることを信ぜよ！
透明な肉体は、やがてアキャシャ（エーテル）の場に君を導く。
獅子のように睥睨《へいげい》せよ（当たりをにらんで威力を示せ）。
月に嘯《うそぶ》く（吠える）虎の如く、オルフェイスの魂を再現せよ！

三　浜　安明氏（『至上我の光』第一〇一号（昭和三七年十月発行より）。
（文章から職業は医師であると思われる。）

「私の体験」

〇

七つの封印、小宇宙に太陽、月、火、水、木、金、土の各星が目覚め出た私の体験をお話しいたしましょう。

耐え難い苦痛と恐怖とに意志を強固にして、闘い続けてまいりましたが、その結果、すべてが、愛と調和に変化し、ぐうたらな心が、熱誠をこめての求め歩みとなり、真理の把握となりました。これこそヨガ修業の賜物でありまして、あの尊い『大直感力』のお著書に触れさせていただき、いつもご指導くださる師に巡り合わせてくださいました三浦先生の有り難さを想いだすと、感激のあまり、涙が溢れてきます。考えてみると、私ほどの幸せ者は日本にまたとない気がいたします。

愛だとか、調和だとかよく言う男だと、お思いになるでしょうが、まあ、お聞きください。昔の人はよく、「眼は口ほどにものを言う」とか、また今でも、眼で合図するとか申しますが、私ども夫婦はその通りなのです。私が言おうとすることは、見ただけで家内は察してくれます。山のカラスは、三日後のことが判るそうですが、家内も私が考えて要求していることを、三日、五日前から読み取っております。これを実行に移すのですから、和合統一と言うほかありません。私たちこそ、日本一の夫婦といっても過言ではありますまい。こういう状態になりましたのも、ヨガの実習を忠実に実行したおかげと思っております。上には上がありますから、もっとすばらしい方もおありかと思いますが、ヨガを知る前とあまりにも違いますので、一言させていただきました。一燈園をはじめ各位宗派のお話を聞いてきましたが、私には、ヨガに勝るものはありませんでした。

昨年十月、半年ぶりにF師のお話をうかがいに福山に行きました。その時のお話が「求めよ」という題でした。その時のお話が怒涛《どとう》のように私の魂を揺り動かしました。そして現在まで私は求め続けています。・・・

そして翌月の十一月もこの求める気持ちから、早朝から福山へ出かけました。この時は「歩みについて」のお話を聞きました。このお話も、前と同じように一言一句を覚えております。この時もまた魂を揺り動かされ、大鐘が鳴り響くように、身内を貫きました。・・・

四海を山に囲まれた田舎町、のどかな田園の中の町営住宅の一角に、マニの火がともされる日が訪れました。それは十月の集会から帰って十日余り後のことでした。深夜(二時ころとお思います)、ふと眼が覚めました。電燈は消してあるのに明るいのです。天井の桟《さん》も、障子《しょうじ》の桟も、はっきりと見えます。夢ではないかと頭をひねってみました。眼をこすってみますが、夢ではありません。あたりを見回して見ますと、枕元《まくらもと》で何か赤々と燃えています。きれいな器の中で、きれいな焔《ほのお》が燃えています。じっとそれを見つめていました。煙もきれいです。ま、なんということでしょう。まるで空になり、無になったような気持でしばらく見つめていますと、ふと、三浦先生の言われた言葉を思い出して、マニの光だと直感しました。瞑想の時はよく見ていましたが、目の前に取り出された光を見たことは初めてでした。何を悟らせていただけるのだろう。何を求めればよいのだろうと思いました。このような時には不思議と時間が早く感じられるもので、(時計が)二時を打ち、三時を打ったのもわかりました。そのうち、いつの間にか寝入って、四時過ぎに眼を覚ましました。起きて冷水摩擦《れいすいまさつ》をしなながら、家内に昨夜の出来事を話しました。

翌日も一時間、また、眼が覚めました。と、また、マニの光が燃えさかっています。昨夜よりきれいだなと思ってみていましたら、頭上より足元に向かって、風が吹くようです。それにつれて、煽《あお》られるように、マニの光が燃え上がりました。だんだん風が強くなり、あれよ、あれよと思う間に、猛烈な吹雪のようになりました。マニ光も色が冴え、焔は一層輝きを増しました。風速はさらに加わり、着ている布団まではがれそうになります。これはいかんと思って、無我夢中で布団を体に巻きつけ四隅をしっかりと手で押さえ、生きた心地もしないで横たわっていました。一体、どうなるのだろうか。このまま死ぬのではないかと思いました。すると、丸くなってうずくまっている背後から、その超吹雪を通して、金属性の声といおうか、衣擦《きぬず》れの声といおうか、地上では聞いたことのない静かな声が聞こえてきました。静かに落ちついた、しかも力強い声でした。

「私はイエスだ。これからどんなつらいこと、悲しいこと、苦しいことがあっても、神を信じて、神に祈れ。この言葉を忘れるな。わかったか。わたしは行くぞ。」

するとだんだん吹雪は収まり、色鮮やかに燃えていたマニ光も色が衰えて行きました。そしてついに、マニ光の光も、風も全くなくなり、あたりは暗闇になってしまいました。布団の両耳をつかんだまま、うずくまっていた私は、夢ではないかとむっくり半身を乗り出して、今あったことを考えてみました。時計は四時を打ちました。実際夢のようなことだな、おれはいったい起きているのだろうか、寝ているのだろうか、きつねにつままれているのではあるまいか等と考えました。来患が忘れていらした場合にと、手探りで探しました。マッチも擦りました。煙草を吸ってみましたが、長い間吸わなかったので、一、二服吸うと頭がくらくらしました。すると、今の出来事は夢ではないと感じました。煙草を消してはつけ、つけては消して朝までまんじりともせずに考え続けました。・・・

ヨガとは、絶対狂いのない法則の秩序、これを教え、悟らせていただきましたのは、三浦先生の『大直感力』、そして、先生によって引き合わせていただいた師の賜物でありました。

四　瀬尾政記氏　（山口県小野田市の医師）

「瞑想中の体験」

○

（三浦先生のお顔が、他の人達が言われるように瞑想中に見たいと思っていた頃）

ヒマラヤの山々峨々《がが》としてそびえる谷あいの道を一粒の光となって私は辿《たど》っていた。平気で気軽にピョンピョン飛ぶように走った。ある時は谷川の滝の中に落ち、また再び登って行った。ほとんど無限に続く山々を超えて遂に最高峰と目される峰に達した。氷に覆われた連峰のさらに上には、赤い美峰がそびえていた。突然異様な巨大な銅鉄製のロボットの足が見えた。それを伝わって登ると、顔があり、二つの巨大な眼があった。その眼の形は三浦先生の捨身の眼の形であった。それから黄金の光が二条のサーチライトのようにパーとさしていた。その眼の中に入ってみた。すると脳みそはなく、中はがらんどうで、石畳がしかれている。頭蓋骨はなくて空が見える。よく見ると数人の僧侶が半円を描いて坐り瞑想している。その前には池がある。池の中には、石で築いた台があって、その上には金色に輝いているお釈迦様の結跏趺坐《けっかふざ》の像がある。その光が空一面に輝いているのだ。「ははあ、この光が世界を照らしているのだな」と感じた。とたんに私は光の粒ではなくて谷あいの河原に転がっている石ころになっている。丸い石ころがたくさん並んでいた。その中の一つが私なのですが、それが不思議に皆瞑想しているのです。その中に、河の水が氾濫して石の私は流されて海に出ました。

　何日か経って、再び瞑想中に私はダイヤモンドになった。そして日本にいる。「お前はダイヤモンドではない。ダイヤに反映する光なのだ。その光は、あのヒマラヤの巨人の眼から流れ出る光なのだ。お前はただ慈悲の光であるだけだ。それ以外の何ものでもない。光を行ずることだけが真のお前なのだ」と言う声がしました。

　その後私は小野田市にヨガの集会を開くようになりました。・・・

○

私は、今までの苦悩を解消させてくれた精神分析や催眠術や神霊学に感謝します。そして最後にたどり着いた「ヨガ」のはかり知れない奥深さに深く深く感謝します。

〇

瀬尾さんは、小野田市本町の方で医師です。至純な人であり、とても謙虚な方です。知者はヨガに話を聞いて一応理屈をこねるのが通りの相場ですが、瀬尾さんのような偉大な例外もあるので、全く嬉しくなります。瀬尾さんは最近医業の方もますます神力を発揮され、その一部は月刊の中にも見えていますので、会員の方はご存じのことと思います。将来世界の医学界に大革命をもたらす偉大な使命を帯びておられます。

（当時の編集者）――『至上我の光』第四〇号（昭和三二年七月発行）

五　中務《なかつかさ》覚氏の場合　（山口県土生《はぶ》町、昭和三三年）

私は、法門無量誓願度の確信を以て、不動ゆるぎない左の真理を一大福音として、一生の布教に精進させていただきます。三浦先生のマニ・ヨガは世界を救う光です。三浦先生を通して、大救世主に一身を捧げ奉れば、いかなる苦難からも、絶対に解放されること疑いなしです。これは次に述べる通りの私ども夫婦の体験です。

〇

いつも先生のお導きを受け、一生懸命勉強させていただいていることを深く感謝いたします。またここに重ねて先生に御礼申し上げなければならないことがあります。

それは先だって妻が交通事故のため、大けがを致しまして、入院しましたが、各医師共に、生死を受け合い難いという状態が幾日も続きました。私は妻の安否が気がかりで、平素先生の指導を受けてきたにもかかわらず、何もかも忘れて、ただただ泣き入るばかりでした。

ある日突然、胸に暖かいものを感じ、「日頃の修行を活かせ」と、どこからともなく響いてくる声が聞こえたと思うと、今まで泣いてばかりいたのが恥ずかしくなり、勇気百倍の力が盛り上がりました。

そして一切を大救世主に捧げ、一心に妻の全快を祈った時も時、三浦先生がおもむろに病室に入っておいでになり、正座なさると、その瞬間、なんと有り難いことでしょう、。先生の眉間《みけん》からランランたる光明が妻に差し向けられ、私はしばし無我の境に入り、我にかえった時には、もはや先生の姿を見ることができませんでした。妻は脳底骨折のため、内出血が止まらない危険状態でありましたが、三浦先生のご光明を受けまして以来、出血は止まり、医師も奇蹟！と言うほどにだんだんと快方に向かい、現在では一人で立ちあがれるほどになりました。

右の様な奇蹟をいただき、先生の偉大さにむせび泣きつつ、お礼申しあげる次第です。

なお、竜王学園の誰もが幾百万とヨガの真理を体得し、三浦先生を通して、大救世主に一身を捧げれば、いかなる苦難からも解放され、至上の目的に到達すること絶対に間違いないことを確信し得た次第です。

心より篤く篤くお礼申し上げます。盲人であるために代筆で申し上げますことをご寛容ください。

中務　覚

〇

この人、中務さんに天の栄光あれ！
この人は世の光です。
中務さんは第一秘伝を受けられました。
ハイラーキーのアディプト(覚者)に守られて愛されている中務さん！
悩みの中で、胸に暖かいものを感じたのは、救世主が差し向けたもうた愛と智慧に第二宇宙光線の作用です。

中務さん有り難いことでした。有り難く思う人々がたくさん現れて、あなたの言葉を聞くことを喜びます。喜ぶ人は、あなたと一心一霊になって、あちらにも、こちらにも奇蹟で救われる人が出てきます。大救世主の恵みが現れるからです。私もその人々の間に光を放ちます。

さあ、みなさん、もろともに中務さんを押し立てて進みましょう。法門無二マニ光明です。

——『至上我の光』第五五号(昭和三三年一〇月)より

その他

『至上我の光』誌第三九号(昭和三二年六月発行)には、三浦師の写真を見て瞑想中に三浦師の眉間から光が発せられるのを見た体験が報告されている(弘前の白戸喜久雄氏、弘前の北山信亮氏)。三浦師の弟子たちの霊的体験はおそらくこれまで記したもの以外、数々あったことがうかがえる。みな、真摯で、清浄な人格の持ち主の体験である。三浦師がいかに深く弟子たちに影響を及ぼしたかの証左である。

第四章『祈れる魂』（復刊）

先年、『綜合ヨガの創始者・三浦関造の生涯』を著したとき、三浦関造の全貌を描くに当たり、三浦の優れた、スピリチュアルな詩人的特性の面も検証した。このたびその続編ともいうべき本書を編むについて、三浦の、翻訳業から創作業に移るときの記念碑『祈れる魂』（隆文館、大正一〇年：一九二〇年）をここに再録する。三浦およそ三七歳の、まさに魂の飛躍となった詩集であった。

詩人・江部鴨村の序文「詩人・三浦関造氏」は、すでに『三浦関造の生涯』で抄約紹介したが、全文をここに再度掲載し、三浦自身による序文も同時に掲載した（一部現代かなに改訂）。英文詩「poems」の部分は、編者が翻訳したものを加えたもので、英文詩にこめられた三浦師の魂の告白を読み解いてほしい。尚、この詩集の一部は後の第二詩集『魂の大空』に採用されている（少し言葉を替えている部分あり）。また、参考資料として戦後発表された三浦の第三詩集『心の大空』の一部を付した。

三浦関造著　詩集　『祈れる魂』の発売当時の
表・裏表紙（川島徳二氏提供）

祈れる魂　目次

詩人三浦関造氏

江部鴨村

翻訳家としての三浦関造氏、教育学者としての三浦関造氏の名は、つとに世に高いものであるが、詩人としての三浦関造氏の名は、いまだ多く世に知られていない。

しかしながら私の目にうつる氏は、翻訳家としてよりも教育学者としてよりも、より多く詩人としての三浦関造氏である。

翻訳家、教育学者としての氏は、東西の宗教、哲学、文芸に精通しておられる(この点は私の言葉を必要としないまでに明白であろう)。詩人として氏は、原人のごとく無知であり、幼児のごとく単純であり、野蛮人のごとく自由である。

私の知っている範囲で、氏のごとく多くのことを学んでしかも無知であり、単純であり、自由でありうる人を見ない。いいかえれば後天的知識のために、人としての先天性を枉《ま》げられず、歪められず、傷《いた》められない人を見ない。それを私はつねづね一種の解きがたい奇蹟であるとさえ思っている。

氏はその本質的無知と、単純と、自由とをもって、神秘の殿堂、生命の本源に自分の本拠を見いだす。

無知と、単純と、自由とは神秘の殿堂にのぼる唯一の歩道であり、生命の本源に通ずる唯一の疎水である。

氏はかつて私に言われたことがある。「僕は無一文のときと、演壇に立つときに、いつも英雄になる」と。

時として英雄になりうる氏は、また時として神となりうる人間だ。

そうだ、氏は神になって歌う。

著者の序【三浦関造による】

『祈れる魂』の著者は止むを得ない事のため（注：生計を立てるなど）、過去十年間、宗教、文芸、教育に関する翻訳を仕事として来た。然《しか》し彼は、最初翻筆を執るに至った時から、自分の天分が他にあらねばならぬと信じていた。けれ共人は本性に生きるよりも境遇に生かされる傾向の方が強い。特にいろんな事情が一身にまつわって来ると、生活に便宜な道を歩くの安易になれて、素手《すで》一本で本気な開拓をする苦痛には移り難いものである。だからとて何人もそれに満足は出来ない。著者は十年間絶えずわれ知らずに本願の道を開いていないじゃないかという痛ましい声を心に感じていた。然《しか》し本気になるには、どうしても生活のたづき（生活上の事柄）を思い切って捨てなくてはならなかった。遂に十年は経過して係累《けいるい》（心身を束縛するもの）は益々増えた。生活のたづきは益々捨て難くなった。

けれ共、人間の心には奇跡が起こる。どんな弱い人でも、真に感動すると、生命を捨てることも辞さない。人間はここまで来なければ、真生命を救いうるものではない。すべてを捨てて十字架を負い、真理に生きる決断がなくては、とても本当のことは出来やしない。著者はとうとうその奇跡にまで来た。自分の内心と、世間とが内外こもごも、ここまで彼を来らしめた。彼は遂に係累を負うべき唯一の生活手段を見事に放棄して、新生活の自由な天地に踏み出した。貧窮《ひんきゅう》も危険も彼から此の自由を奪い取ることは出来ない。

『祈れる魂』は彼が新生活へ踏み出す角笛《つのぶえ》の響であり、祈願である。収められた詩の大半は、著者が過去八年間、苦闘の中から得来った収穫である。

著者はこの詩集を世に送り出すについては、大分反省した。人々の詩集とも比較してみた。友人からも出版する事をすすめられた。彼は遂に出版することに決した。

この詩集の価値と生長力とは、読者の批判によってなんとでも言われよう。著者はこれを市に出すに当って、手織木綿の粗服を纏《まと》うて、初めて京上りする田舎娘のような気もすれば、手なづけ難い野獅子《のしし》を、センチメンタリズムの玉楼《ぎょくろう》、ユーフェミズムの高殿《たかどの》に放つような気もする。
詩集に収められた英詩〝A Sad Music of Humanity〟に対し教授三浦又次郎氏が英語文学誌上で与えられた批評を序文の次に挿入する。英詩〝The death of an old-woman〟(年老いた女性の死)を読まれた一米国人A氏は、「この詩の作者を外道《アポステート》として教会から追い払った教会は、実によくないことをした」とて幾度か深いため息を漏《も》らされ、その眼には涙さえ光ったと、その座に在った人から聞かされた。英紙〝The Bell〟(鐘)は教授豊田実氏(当時九州帝国大学教授、英文学者、三浦の妻ハルの実兄)か

A Critic on "A Sad Music of Humanity"

"A Sad Music of Humanity," a short poem, written in what we call "free verse" is an admirable piece of music and charm. Its fluent rhythm; the rippling movement of its kines; the sweet, pleasing sonority of its stressed chords; the image-giving quality, its harmony- all these combine to make up the excellency of the poem.

The poet must be a mature artist. His vocabulary seems ample, his choice of words is good, and his diction, sonant and refined.

This melody is a kind of "sad strain," singing of sad sad humanity; it certainly does make" the universe weep." It is a vivid representation of the poet's mysticism though the mysticism is that of a pessimist. Exact and tangible explanation of mysticism is, of course, a thing impossible; but through the "finishing touch" of the poet, we come to be aware of the intimate relation existing between our inner beings and the Eternal Soul which is omnipresent and omnipotent.

May 14, 1918 MATAJIRO MIURA.

ら大分称賛を受け、また(評論家・小説家の)故岩野泡鳴氏から「こりゃいい」と言われた。

和詩「深夜の合唱」は(小説家・童話作家の)小川未明氏から「涙ぐましくなった」といってよこされ、友人原子君達は「三浦君にどうしてあんな詩が出来るのだろうか?」と怪しまれたとのことである。和詩、「生死の浪の彼方」及び「泥棒」は教授岡田哲蔵氏から「面白かった」というようなことをいわれた。和詩「巨木」を読んだ兄の修吾(死亡)は第二回の死の宣告を受けたのち、「俺はあの「巨木」が好き。俺はあんな巨木になろう」と言って来た。そういう人々の賛辞をかたじけなく追想して、著者は『祈れる魂』を出版する躊躇《ちゅうちょ》をなくしたことを感謝する。

作者は詩壇においても外道《げどう》である。然し外道であるだけに、内外何人の作をも模倣していない。作者は寂しき外道として、専念、新しい神聖を創造して行こうと記念するものである。

東神奈川柳町九八八にて　著者　三浦関造

「人間性の哀《かな》しき調べ」についての批評(前頁の英訳文)

いわゆる「自由詩」として書かれた短編詩「人間性の哀しき調べ」は、音楽と美との織りなす見事な作品である。その滑らかなリズム、さざ波のような動き、弾《はじ》かれた弦《げん》の甘美で心地よい響き、幻想的な質感、その調和、これらすべてが合わさって、優れた詩が出来上がっている。

このこのメロディは、哀れで悲しい人間性を謡《うた》う「哀しい調子」のものであり、それは、宇宙的な哀歌《あいか》となっている。またそれは、厭世家の持つ神秘主義の醸《かも》し出す、この詩人の鮮やかな神秘感を顕している。神秘主義についての明快な説明は、もちろん不可能であるが、この詩人の「深い筆致《ひっち》」を通して、我々は、我々の内部の存在と、遍在し全能である「永遠なる魂」との間の密接な関係を認識するに至る。

一九一八年五月一四日　ミウラ・マタジロウ　(和訳:編者)

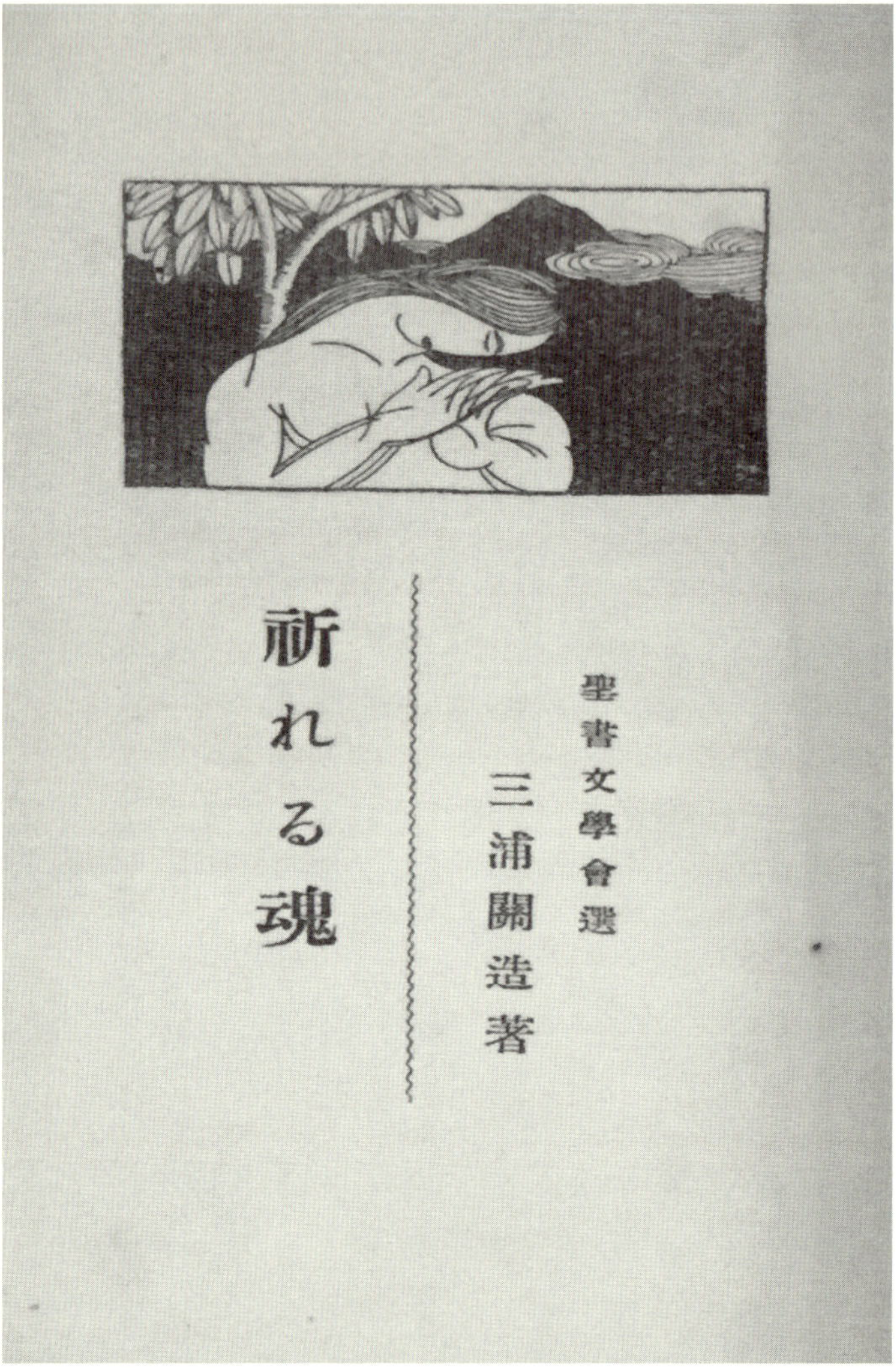

聖書文學會選

三浦關造著

祈れる魂

三浦関造著　詩集　『祈れる魂』の発売当時の内扉（川島徳二氏提供）

祈れる魂

鎖につながれた男の厳《おごそ》かさ

重苦しい鎖は彼の身体《からだ》から離れない。
けれども寂しく野を行くその姿の厳かさ！
打ちしめった土の中からは、
みずみずしい色にはえて、
ぬき出ずる草のよろこび。
みどりと土のにおいが、
鼻神経から堅い身体中にしみ込んで、
鬱蒼《うっそう》としたものゝ目醒《めざ》むるおどろき、
あゝのびのびとその身体は今力に甦へる。
見ろ、うねうねと開けた野づらの上、
光が風に砕けてかがやき、
ひろびろと果てしもない波をおこして、
大洋のように胸にひろがる。
足は地に地は足に吸いつき、
空はふるえる乙女の胸、
鎖の重きを忘れて限りない慕わしさが、
救わるゝ彼のこころにささやぐ、
あゝ一刻は一刻よりも新しく、
まんまんとあふるゝ力の波立ち
夕日は金色《こんじき》に燃えて、その中に一人
野原に突き立ったその男の厳かさ。

警鐘

素敵《すてき》もない高さだ
その上に白日がふりかかっている。
空ははちきれそうな母の乳房・・・
みんなが命に満ちて顫《ふる》えている。

見れば見る程その高さ
細い鉄の踏段《ふみだん》をよじのぼって、
そのてっぺんに懸《かか》る鐘のおそろしさ、
どんな響きが出るかと下から仰ぐ群衆！

そこにのぼり行く人間はたった一人
地を離れて高く高く大空へ・・・
真倒にたおれ落ちたら身は微塵《みじん》だ！

空も白日も皆顫《ふる》えている。

男よ真っ先にのぼる男よ。
ぶて、鐘を、幾百年幾千年、
日本の男女が鋳《い》あげた鐘を！
鳴らせ真先にのぼるその男よ！

世界はまだこういう鐘を鋳《い》なかった。
顫《ふる》える白日、息づく大空、
鐘は人類の上に生きている。
満身の力をぶち込めてなぐりつけろ！

今が原始、鐘の鳴る時だ。
あゝ露に滴《したた》る生命の朝ぼらけ、
人間の造った新しい響きの鐘を撞《つ》きならせ。
そして呼びさませ土の児らを・・・

生死の浪のかなた

じめじめと降る村雨《むらさめ》(にわか雨)が晴れて行くと、南半球の夏の国には、秋風が蕭殺《しょうさつ》として(ものさびしく)吹いて来た。森の梢やら屋根屋根に輝いていた日影が夢のようににぶれて行く。

それが今年生まれた燕《つばめ》の児が自由に大空を翔ぶようになった頃である。

一羽の翁《おきな》なる燕は大空を翔《と》びながら叫んだ。もうそろそろ俺らは新しい夏の国に行かざやなるまい！

町々村々の軒下の巣からも、山のかげ、森のうらからも千羽万羽群れをなして児燕《こつばめ》どもが翔んできた。

「何か不思議なものが私らを襲うてきた。身体《からだ》がしびれるようだよ。森の上にも、田畑の上にも虫がいなくなった。おどろおどろしい何ものかが迫って心細《こころぼそ》うなる。新しい夏の国はどこにあるだろう？」皆がこう叫ぶ。

「見ろ！冬の先駆けがやってくるのだ。冬は雪の吹息《ふぶき》を天地に吹きかけて、氷の刃《やいば》で俺たちを皆殺しにするのだ。それ見ろ！　もう冬の先駆はあの高原に霜を吹きかけた。俺たちは早《はよ》うこの古い世界から解脱《げだつ》して、新しい夏の国に行かざならぬ！」

「秋も半ばの晴れ渡った日、燕の群れは幾千万幾億万羽、翼も軽く、北半球の夏をめがけて南の国を旅立った。陸を離るれば、海の上！　島かげも船かげも無く、飛べども飛べども空には果てしがなかった。けれども、「新しい夏の国はどこだろう?」・・・つぶやく一羽の児燕もなかった。幾千里の海を越えて、新しいまだ見ぬ夏の国の光の流れは彼らの本能《こころ》を導いた。

それでも、数百里海の上で、はや日が暮れた。浪の上も大空も真暗《まつくら》に掻き暮れる。

どこを振り向いても闇ばかり! 行方《ゆくえ》も島影もわからない下には凄惨《せいさん》な死の浪がドドドドと聞こえる。打ちかわす翼に力を込めて翔びつづけるより外はない。けれども、遠い夏の光は、彼らの本能《こころ》の奥に微《かす》かに輝く。眼にはみえなんだけれども、心は輝く、微かに微かに・・・燕はそれをたよりに翔んで行く。

闇のどん底に翔《と》び尽くして、死の浪に葬《ほう》むられるのかと思うて、そろそろ恐怖《おじけ》がつのってくる時、うれしや東の空がほのぼのと明け初《そ》めた。闇をつんざいて、新しい光が洩《も》れてくるのだ。見る間に闇の戸張《とばり》は一重一重にはぎとられ、空は新鮮な輝きに充たされつ、波は金色の光を発する。

夜の闇は、一羽だって燕を大浪の底に投げ込まず、一本の羽根をすらむしり取らず、またその死のような闇の汚れは、艶《つや》やかな燕の身体をも汚さなかった。

そして彼らの群れは喜びの声をあげて、新しい夏の光と、新しい食物とに充たされた北半球の日本に着いた。木の実は累々《るいるい》と梢に結び、水は流れ、葉はしげり、町と村との穏やかな軒下は、彼らに新しい宿りを与えた。

巨木

荒野《あらの》の真ん中に一本の巨木が立っている。幹は虚洞《うつろ》、ほとんどみな枯れ死した木皮《かわ》の生き残った僅かな一部を伝《つと》うて、大地の中から養分が梢の方へと登っているばっかり、枝は多く枯れつくしているが、一番上の枝ぶりのよい大きいやつが一つ生き残っている。春先になると、この枝には小さな芽つく葉が拳《こぶし》のようにふきいでて、やがてはみづみづと大空に大手を広げ、空高く吹く風に打ちそよぐ。

荒れ野の小路を通り行く旅人は皆その梢を仰いで、「偉《え》れえ大きな姿だなァ!」とため息をつく。野には美しい草花が咲いているのだが、路行く人は皆この巨木の幹とその若葉を見上げて偉大な感じに打たれる。生き残った威勢のよい梢には、空の小鳥も来て囀《さえず》り、山の大鷲も来てとまる。村雨《むらさめ》はこの梢をかすめて歌をうたい、そよ風はこの梢に来て、踊りを舞い、月はこの梢の露に宿を求める。彼方の村に住む年寄りたちは、毎朝この巨木の頭から日の登るのを見て拝んでいる。

冬の寒い日に、子供を連れた貧しい母親がこの木のかげに北風を避けたことがある。

夏の暑い日には行商人たちがこの木のかげに憩うて汗を拭《ふ》く。

毎年霜のおくころになると、朝早く百舌鳥《もず》が一羽この梢に来てキキと叫ぶ。その声は寂しい野原に満ち満ちる。

広い荒野にただ一本この巨木が立っている。嵐の吹くときに、この巨木は恐ろしい声をあげて、村々の上に嘯《うそぶ》く。

風のない晩には、この巨木の影が一番物寂しい。

そしてこの木は、永劫に立っている。荒野の真ん中にただ一本！

ささやぎ

静かな細い声
それを蔑《なみ》するな！
それが息づき息づき
迫り迫って
渾身の火と燃えさかり、
すべてを投げつけて、
不滅の意志が吾に顕現する。

深夜の合掌

夜はしんしんと更けた。
自分は一人部屋に端座《たんざ》している。
空の静けさ・・・そしてまた地の寂しさ。
すべてのものは今祈念している。
みにくいものがみんな洗い流されて、
つく息の音もなく静まった夜
あゝその夜の荘厳にしたって一人
心ゆくまで掌《て》を合わせよう・・・

すべての人々は安らかに眠っているかしら
こころ豊かに休んでいるかしら、

　悲しみと苦しみとを、
二つの翼のように収めて、
すやすやと眠る人間の美《うる》わしさ。
森閑とした沈黙がそこを閉《とざ》してしまって
深いその中に自分は一人ひとびとを懐《おも》う。

　さんぜんとして涙がこぼれる。
合掌した私の手の上に、
限りない遠さ限りない親しさ、
すべての人々の呼吸が今、
この静かなる者の胸にゆだねられ、
尊きものゝ始まるけはい。

　このまゝの心で、
顔と顔を合わせたい。
血走らない眼と眼とで、
涼しい心と心とを眺め合おう。
この大なる静けさと祈りとで、
誰でもみんな掌《て》を合わせるがよい。

　悲しい者も怒《おこ》れる者も、
みんな寝しずまってしまって、
森閑としてゆるやかに永遠が息づく時、
人間がつくったすべての物は壊されて、
千古の昔のしじまだけが、
ひっそりとこの世界を包んでいる。

　人間は何も誇《ほこ》るものを有《も》たない。
人間が天を仰いで誇る時、
人間が地を踏んで誇る時、
地球を巻きたてた夜のとばりのように、
大いなるものは天地《あめつち》を巻きたてる。
人々はただその前に掌を合わせるばっかり。

　君も私も、またすべての人々も、
あした眼が覚めたら掌《て》を合わせよう。
掌《て》を合わせる人々は大いなる者の中に住む。
血管から血が流れ出ないように、
怒りの焔《ほむら》が清い宮を焼かないように、

しずかに強い永遠の脈拍《みやくはく》に打ちそよごう！

まんまんと拡がった大きな湖、
みんなそこへ行って水を汲《く》もう。
清い山の影を宿したその湖の色、
まるで生き上るようなその鮮やかさ、
みんなその力をもって働こう、
底いなき深さから湧いてくる歌をうたって・・・

あゝ森厳なる人間の呼吸！
新しい朝胸を打ってそれを感ぜぬか？
涙ぐましくもその力に打ちそよぐ魂を。
世界はその前に透き通って、
永遠に輝く幻の厳《おごそ》かさ、
みんなで大いなるものをつくろうじゃないか？

夜はしんしんと更けた。
私はじっと端座《たんざ》している。
母の乳房を吸う赤ん坊の
唇の音がするばかり、
源をはなれない夜の静けさ。

草の芽さえもこの静けさの中に展《まろ》んで行く。

沈黙の中にじっと静まって、
大いなるものの心を覚ゆるその力、
何ものにも覆《くつが》えされない人間の姿、
あゝ胸にしみ出づる無限の生命《いのち》、
その前に横たわる明日の奇跡、
すべての測り知られぬものはその前にある。

寂しい農夫

山からすべり落ちた畑、
そしてはるばると拡がった田、
山の中からは泉が幾つも集まって、
野っぱらの真ん中を静かに流れている。
私はその川に沿うて朝も晩も、
山の影を眺めながら歩いた。

山からずっと落ちて来て、
また川ばたでもり上がった丘、
そこには古い巨木の二株三株を残して、

あとは荒れた畑になっている。
何日か続けて私はそこに農夫を見た。
痩《や》せた蒼白《あおしろ》い姿、そしてまた、
その泥ばんだ仕事着までが寂しい。
男は鍬《くわ》を地に突っ立てたまま、
掌《て》につばきして、休んではまた、
鍬を取っていたその寂しさ。

或る晩居酒屋の前を通りかかると、
ドヤドヤと物騒《ぶっそう》な叫びが洩《も》れてきた。

と、一人の男を捉えた五、六人の男どもが、
ワイワイと叫んで嘲《あざけ》りかつ怒鳴る。

「金はどうした？　飲み逃げはするな！」

「拂《はら》ったじゃないか？　台の上に置いたじゃないか」

と捉えられた男は叫ぶ。

「嘘《うそ》っぱちこきやがれ ―― これは飲み泥棒！」

私はその男の顔をちらりと見た。
寂しい蒼《あお》いその顔・・・
それは畑の中で働いていたその男。

居酒屋の亭主見たような大男が今一度、
男の襟首《えりくび》をつかんで叫んだ、「おおい」
すると寂しい男は何を思ったのか、
「よしそれじゃ、もう一度拂《はら》ってやらあ、
俺は逃げるのじゃねえ、ほしけりゃ、
もう一度拂《はら》ってやらあ！」
こう言って男はまた店へと入っていく。

そのあくる朝私はまた、
川ばたの丘でその男を見た。
寂しい姿が一つ黙って、
痩《や》せ細った両腕に鍬《くわ》をふりあげ、
地に力なくなぶりつけては、
掌にまたつばきをなぶりつける。
生命と約束に満たされた地の上に、
静かな川と美しい山を見る畑の中に、
たった一人物思わしげな男の姿！

飢えたる人々

彼がその日の晩酌《ばんしやく》は一椀《ひとわん》の饂飩《うどん》であった。空《す》き腹

に一杯は夢のようにして掻き込んだ。狂うような食欲を強いて顔に現わさず、今度は第二の椀《わん》を手にした。

都の町はずれの蕎麦屋《そばや》の一室。

洋服を着た若い男、土方《どかた》の二、三人、福相な商人、威勢《いせい》のよい学生——七、八人が同じ室でうまそうに食っている。酒を飲むもの、テンプラ、南ばん、おかめを命ずる声が次から次へと起こる。

ちょうどその時、暖簾《のれん》をくゞって、五十恰好《かっこう》の男が入ってきて、

「かけ一杯食わしておくんなさい」と言って、そそっかしげにあたりを見渡した。

「はい！」

「いらっしゃい」と旦那《だんな》に続いて女中の黄色い声が響いた。間もなく「かけ」一膳が運ばれ、

「はいお待ちどうさま」とて愛嬌《あいきょう》よく女中は引下がった。

けれどもまだ男は箸《はし》を取らない。

「旦那、おらあ金はもたねえがな！　一つ恵んでおくんなさいよ！」とようやく男は口を開いた。

「太え奴《やつ》だな！」竈《かまど》のところから若い男の声がしたかと思うと、続いてふくふく肥った旦那は、

「何？　人を馬鹿にしていやがる！」とさけんだ。

「何を馬鹿にしますものか？　私はこれから千住まで四里歩いて帰らなきゃあならんのに、一文も持たねえから！」

「持たねえなら、持たねえと、初めからなぜことわっておかねえのか？食い逃げはできねえぞ！」大男がつかつか出てきて、膳《ぜん》を奪い去った。

「腹がすいて歩けんもんで、一杯食わしておくんなさいと言うたじゃねえか？」男は真っ青に昂奮《こうふん》して框《かまち》から腰を上げた。

彼は食いかけの椀をおろした。ふっと財布の中を思ったけれども十銭紙幣二枚しかない。

「欲しいなら欲しいと初めから何故頭を下げないのか太え奴だ！」と旦那《だんな》は怒鳴る。

色の浅黒い快活そうな男は、疲れた顔に痙攣《けいれん》を起こしたかと思うと、恐ろしい顔つきでキッと旦那をにらみつけ、

「くそ、何食うものか」と言い放つが早いか、蹴《け》るようにしてつかつかと家を出た。師走《しわす》の寒い夜風が暖簾《のれん》の間から吹き込んできた。

彼は食い残りの椀をとったが、饂飩《うどん》はのどを通らな

かった。背中には冷や汗が出て、腹の中には無明の闇が渦を巻く・・・彼は饂飩《うどん》の代金を払って外に出た。今日嘘のような演説をしたこと、貧しい男に一杯の饂飩《うどん》をすら恵むことのできなかったことを思うと、ただもう滅び行く力無さを覚えた。

街に立って呆然《ぼうぜん》、飢えた男の影を見送った。闇の中に早その影は見えなかったけれど、あの苦しい顔に張りきった力を預言者の意志のごとく感ぜずにはおれなかった。

泥棒

「泥棒《どろぼう》だぞ、泥棒だぞ」主人は寝巻のままはね起きた。

廊下をドタバタと走って黒い影が逃げる。

「畜生《ちくしょう》！」ガタシチと恐ろしい音がして、「逃がすものかい。捉まえたぞ！」と書生の声が響いた。

「躍起《やっき》となった主人、二人の書生、息子・・・四人が飛んできて泥棒をねじ倒した。

「盗んだものを出せ！」と大きい声で怒鳴《どな》る。

「おら盗んでいねえ」おさえつけられた泥棒は息もつまるような声をあげた。

「盗まなければなぜ人の家に忍び込むのか？」

頭をなぐる、横顔を打つ、足をける、間もなく泥棒の顔は血ににじんだ。

「盗んでいねえ、裸になって見せる」泥棒は呻《うめ》いた。

「何を・・・畜生《ちくしょう》！　欲しいならなぜもらいに来ないか？」主人が叫んだ。

「もらってもくれねえ奴に何をもらうものか？」泥棒は悶《もだ》えた。

五つも六つも拳《こぶし》が飛ぶ。「グウグウ、ウンウン」と泥棒は呻《うめ》く。

「よし今出すから放してくれ。にげなんかしねぇ！」

「出せ、出せ」とのぼせ上った主人は怒鳴《どな》った。

泥棒は黒頭巾を捨てた。着物をも脱ぎ捨てた。

「さあ後には俺の生命《いのち》ばかりだ。俺の生命をもぎ取ろうとするのか？　貴様らこそ大泥棒だ！　見ろ！　貴様らこそ俺の血を盗んだ。この血を俺に戻せ！」

「生意気《なまいき》言やがれ！」と書生はシタタカ彼を殴り倒した。

泥棒は素っ裸のままフイと起《た》ち上がった。その顔は超人のごとく輝いていた。眼は火のように燃え、拳《こぶし》は鉄のごとく固く握りしめている。

「俺に指一本でも触れてみろ!殴り殺してやらあ!」

誰も彼に近寄る者がなかった。

まもなく巡査《じゅんさ》が駆け付けたので、脱ぎ捨てた服を探ると、一つの財布が出てきた。

「これは何だ!」とて書生は早速拾い上げた。

「盗まないとは何のことだ」と主人は彼を睨《に》みつける。

巡査は泥棒に着物を着せてやった。すると泥棒はガタリと倒れて、

「そら、ここで盗んだんじゃねえ。他家《よそ》で盗んだんだが、それじゃまだ一家七人の生命がつなげねえ。かかあは心臓病、親父はぜんそく、餓鬼《がき》(子供)らは皆死にかかっている。・・・それに借金取りはせめかける。俺の身一つじゃたまったもんじゃねえ。わずか五円の金を誰に借りて回っても貸してくれるものがねえ。苦しさまぎれに俺《おら》ここへ忍び込んだんだ。だがいい、その金・・・鼻くその一円五十銭・・・返してやらあ! それでも俺の生命が欲しけりゃ盗んでしまえ! おら穴の中でも入って行かあ。一家七人もろ倒れだ。破れ財布と七人の生命と取っかえてやらあ」とて彼はブルブル震えた。

燃ゆる大都

真昼!

大都は今火焔の中!

濛々《もうもう》と黒煙が、大地の吐き出した嘔吐《おうと》のように、渦巻き狂うて、天蓋を狭しと漲《みなぎ》って行く・・・大廈《たいか》高楼《こうろう》はメリメリと音して倒れ伏し、上がる火の手は幾千年の秘密を盛った大家を嘗《な》める。百万の人家はペロリペロリと赤い舌を出して大空を嘗めている。

叫びと悲しみに大地は顫《ふる》え、
狂乱怒涛《きょうらんどとう》のおどろしさ。

半鐘《はんしょう》はその渦中に唖《おふ》し、
消防は水も尽き力も尽きよろよろと煙の中に斃《たお》れ込む。

電線は燃え尽くし、街を埋める大混乱に馬車も自動車も通られぬ。

これよこの一大火焔の中を!

大地大空をはらばう煙の中を、
喚叫悲鳴狂乱戦慄の中を、

ここに衣を剥《は》がれたあで人・・・
かしこに跣足《はだし》で迷う美人・・・
知識を失って狂う学者、・・・人間の造った権威と、
悪魔の貯《たくわ》えた財宝は半夜半日の大火焔によって悉《ことごと》く焼き尽くされ、丸裸体《まるはだか》に投げ出された群衆は、貴賎《きせん》貧富《ひんぷ》の差別を失い、狂乱怒涛《きょうらんどとう》のようにおし寄せおし寄せなだれを打って流れ行くを！・・・
あゝ貴人《あでびと》の娘は貧者の息子に背負われて逃げ、虐《しいた》げし者は虐げられた者の足に踏みにじられ、恥《はず》かしめられた者は恥かしめた者の先に立って路を開く。

あゝこの一大火焔！
天を焦《こが》し地を拂《はら》って拡がり行くを。
何の力かこれを鎮《しず》め得ようぞ。
警官も軍隊もこの火焔を消しえない。
社会党も物神崇拝もこの惨劇を演じえない。

凄然《せいぜん》たる火焔の中を、
暗澹《あんたん》たる黒煙の中を、
聞け破滅の恐ろしい響きを！
大地は破裂して新しい時代の産まれる響きを、
時の力を！
民衆の要求を！
天才の轟《とどろき》を！
真人の出で来る喇叭《らっぱ》の音を角笛を！

あゝ大都は今火焔の中・・・
昨夜暴風と闇の中に秘《ひそ》んだ反逆者は火を放ってこの大都を焼き払った。
見よその火焔は全都を蔽《おお》い、さらに幾百万量の瓦斯《がす》を溜めた大釜は見事に破裂し、天を摩《ま》す大火焔柱は民衆の上に矗立《ちくりつ》した。

あゝなだれうつ貴人《あでびと》よ！
あゝ汝狂乱した放蕩《ほうとう》息子よ！
貴族主義者よ！
高慢なる圧制者よ
奉公の心なき鬼の子らよ！
自己酩酊《めいてい》の毒酒を貪れる白痴！
物神崇拝者よ！
人の血を啜《すす》る者よ！
虐偽《ぎゃくぎ》を語る者よ！

ヒューマニティの法則を無視して、豪慢《ごうまん》な習慣で社会を御する者よ！
汝らは人の手に捉われない大反逆者が世界の至る所に潜伏しているのを知らないか？
否、この大火焔の世界をせましと拡がり行くを見る能《あた》はざるか？
あゝ恐ろしき爆発を喚叫《かんきょう》を！
旧時代の破壊して行くこの姿を！
新時代の迫りくるその力を！

逝《い》くべきものは逝き、
亡ぶべきものは亡び、
生るべきものは生れ、
来るべきものは来る。
時の力はその反逆者で、
真人の要求はその創造者。
その行くところに大都は燃えつくし、
山はくづれ地軸は砕け、
物質の迷夢は破れ、
無知の障碍《しょうげ》は跳ねのけられ、
闇は光を射通されて、
見よ、新しい平面・・・
彼方に現れる清新な世界・・・
あゝその新しい曙《あけぼの》の顫律《せんりつ》！

（注：この詩集『祈れる魂』は、大正十二年九月一日に発生した関東大震災の一年ほど前の、大正十年七月に発行されている。「大都」大破壊の様子が描写されており、関東大震災の預言のような響きを持っている。たしかに予知能力を持っていたかもしれない三浦は大都市破壊のビジョンを前もって見た可能性がある。あるいは、太平洋戦争で大都市が破壊されるビジョンを持ったのかもしれない。だが、テーマの主体は、破壊を通しての創造というインド神話の、破壊神であるとともに創造神でもあるシバ神の働きにある。物欲や権力欲にとらわれた文化が破壊されて、人道的なスピリチュアルな世界が出現するという力強い預言(メッセージ)であると解釈することが出来る。）

最後の放免

光、光・・・光が漲《みなぎ》る
風、風・・・風が疾走する
空、空・・・空は戀々《れんれん》として顫《ふる》える。
大地、あゝこの大地・・・
大地が無限の中にうっとりとしている。
あゝ肉、肉、肉・・・
すいすいと大地からぬき出た肉！
肉と口づけした霊、霊、霊・・・
肉は燃え、霊は叫び、
頭は透き通って、
あゝ人間の大道を見はるかすよ、吾！

大地からぬき出た生命《いのち》、
大地《いのち》を吸い込む生命《いのち》！
生命《いのち》に巻きこまれた無限！
何が不可能だ！
あゝすべては鬱積《うっせき》し
あゝすべては踊り、踊り、踊る。
笑い、笑い、笑い・・・

歌、歌、歌・・・
あゝ原始の笑い、原始の歌！
あゝ放免、最後の放免を吾は自覚する！

あゝ澄み渡った世界！
新しいレヴェルの大世界！
声は隅から隅まで朗《ほが》らかに反響し、
力は果てから果てまで深刻にしみ込む。
おゝ何が矛盾だ？
何が懐疑《かいぎ》だ、障碍《しょうがい》だ。
最も強い反抗は、最も強い讃歌・・・
いのち、いのち、いのち・・・
最も苦しい貧窮は最も強い開展・・・
いのち、いのち、いのち・・・
反抗貧窮を去って何処に生命《いのち》があるか？

あゝ感奮《かんぷん》・・・
鬱茂蟷蟷《うつもとうとう》たるもの、
清新の大空を吸い込み、
鬱積《うっせき》、鬱積、鬱積して、
そして冒険、冒険、冒険、疾走！

智慧は凝《こ》って水晶のように輝き、
力は滴《したた》って剣のように寒むい。

夜は眠りの女神を抱き、
朝《あした》はオーロラの駿馬《しゅんめ》に跨《またが》る。
太陽は輝き、輝き、輝き、
地球は息づき、息づき、息づき、
すべては鬱散《うつさん》し、鬱散し、鬱散し、
吾は吾を讃美する。

吾は知る「吾は無限！」
吾は知る「吾は無罪！」
吾は知る「吾は最善！」

今朝《けさ》もまた吾は神を見た。
見よ、そのその手は大空にわななぐ。
弾奏《だんそう》、新しい弾奏、
急《たちま》ち野生の笑い、
急ち全絃《ぜんげん》神速のうなり、
そしてまた緩除流麗《アダージオカンタービル》（うたうように、ゆっくりと）
の徘徊《はいかい》。

無限な勝利の喜び
創造の序曲、
そしてまた白熱せる電流、
恍惚たる変調、
男のどよめき、
女のためいき、
自由の波動・・・
無限の開展・・・
小鳥の顫音《せんおん》、
日光の漣波《さざなみ》、
夏の大海、そして平静、
卒爾《そつじ》として冬の大洋の激浪、
暴風のふぶきすさぶく奮激《エラン》、
それが再び平穏、感謝、歓喜、
愛と渇仰《かつごう》の深い熱情、
決断、決断、決断・・・
希望、希望、希望・・・
すべては湧き、すべてはあふれる。

あゝ俺は息が切れそう！

地を踏む足がなくなりそう！
見よ、巨大な山影のてっぺん、
あらしと雲は山腹にはらばい、
麓《ふもと》は永劫泰然として動かず、
俺は今張り切った力のてっぺんに立っている。

あゝ沈黙の絶頂、
そびえ切った孤独の寂しさ、
荘厳だけが胸に息づく・・・
祈り、祈り、祈り・・・
神、神、神、
沈黙のてっぺん、
力のてっぺん、
愛のてっぺん、
あゝ汝凝結《ぎようけつ》した生命の力よ！
力の閃光よ、感奮よ！
汝の力は、鏑箭《かぶらや》のよう・・・
汝の望みは張り切った大弓のように善い！

讃歎

車輪、軍馬、千万また千万、
楽《がく》の唸《うな》り、生命の呼吸、
舞踏、昂奮《こうふん》、発散また凝結、
霊魂、迫りきった霊魂、
あゝ高調しきった生命の歌！

力は凝って死よりも寒く、
たちまち沈黙を破る疾風・・・・
暴風の怒号《どごう》、潮《うしお》の狂乱・・・・
見よ、大地を巻きたて巻きたて、
進み行く千軍万馬、
あゝ生命の喚叫《かんきよう》怒号を過ぎて、
電光・・・意識の電光、
その電光は吾が胸を射ぬく。

蒼穹《おおぞら》、無限の拡がり、
雲霧の中から転び出た
菫《すみれ》色の若い車輪、
ヘリュームと水素を吹き出して

白熱の歌を歌いつつ、
転び行くやその車白星。

轟《とどろ》きわたるその車輪、
迫りきったその呼吸、
無限星漢《せいかん》(天の川)の若い歌、
たちまちそれは黄金の息を吹き出し、
赤熱《しゃくねつ》せる大車輪・・・
太陽となり、カペラとなって輝く。(カペラは御者座のアルファー星で黄色巨星)

たちまちその光は消えて、
転び行く車輪の上には無限の悲しみ、
人類はその車地球に乗って泣く。
歌は凝って魂となり、
律呂《りつろ》は消えて心は寂しい。

けれども車輪はめぐる。
無限の車輪、
星のうなり
生命《いのち》の叫び、
人類の努力、
男女の行方《ゆくえ》・・・

あゝ男・・・われ、
その喚呼《かんこ》悲鳴の中に、
はた疾風怒号の中に、
神速のうなりを聞く。
そがどこから来たり、
またどこへ行くかを知らない。
ただ見る無限、無限、無限・・・
光明、光明、光明・・・
律呂《リズム》、律呂、律呂・・・
故郷、故郷、故郷・・・
永遠のふる里、美しいふる里、
足は地にふるい、
胸は大空にわなぎ、
心は凝って吾はここに立つ!

無限の歌は滴《したた》って吾が魂に生きる、
あゝ吾が魂は息づき、息づき、息づく・・・
衝動、衝動、衝動・・・

本能、本能、本能・・・
肉感、肉感、肉感・・・
性能、性能、性能・・・
健康、健康、健康・・・
食欲、食欲、食欲・・・
恋愛、恋愛、恋愛・・・
歓喜、歓喜、歓喜・・・
笑い、笑い、笑い・・・
さらに吾が人物！
腕力、腕力、腕力・・・
意力、意力、意力・・・
決心、決心、決心・・・
力の戦慄《せんりつ》は吾が全身を射《い》ぬき、
熱腸《ねっちょう》の感激は吾が智力を吹き出し、
あゝ吾は制限を脱して言《もの》がいえない。
あゝ詩人吾が胸にすべてがある
天体の約束、人類の約束、
経験、経験、経験・・・
罪と救い、光明と暗黒、
邪悪と真善、残忍と慈愛、
すべては凝って吾に滴り、滴り、滴る。

吾はすべての無智を持ち、
吾はすべての智恵を持っている。

　あゝ旋律《メロディ》・・・
言い難いお前の身ぶるい、
怒の中を過ぎ、
笑いの中を過ぎ、
涙の中を過ぎ、
苦痛、赤貧、犠牲、
劣敗、嘲弄《ちょうろう》、疾病、
あゝこれらの中を過ぎ行く・・・
旋律、・・・汝の身ぶるい、
生命の権威！
無限のうなり！

　真人の斃《たお》れるところ、
貧者の苦しむところ、
愛する男女の息づくところ、
人間性のすべてのうなり、
うなりの高低、律呂の浮沈、
悲しみ、悲しみ、力、力、力、苦しみ・・・

あゝ悲しみ、力、力、苦しみ
吾がすべての財宝、
無形、無智、裸体、
あゝ裸体、真剣、
あゝ無智、努力、
ただ得るものは永遠のうなり、
律呂《リズム》の身ぶるい。

永遠のうなり、
律呂《リズム》の身ぶるい、
千軍万馬の中を貫き、
嗚呼悲鳴の中をひらめき、
あゝ永遠のうなり、
律呂の身ぶるい、
死よりも強い力の凝結、
胸を貫く意志の電光、
はるかに見える人類の故郷、
暗黒光明、光明また暗黒、
あゝ無限の衝動
無限の引力、無限の斥力！

お前の言葉

お前はお前の言葉を信じろ。
その底からしみ出づる力を、
その中にひびくリズムを、
力の中に燃える生命《いのち》を、
リズムの中に叫ぶ真理を、
血も魂もその中に湧き立ち、
燃え拡がる盛んな勢い、
その言葉を信じないで
どこにお前の存立があるか？
真紅な血でいろどられたその言葉、
その言葉の魅力を信じろ！
肌寒い剣のように、
ズンズン胸に迫るお前の言葉に。

熱帯の木蔭

野獅子《しし》が眠っている。
大きな頭を、拝むように前足にのっかけて、
まばゆい日光に眼があけられず、

十日前に野馬を襲って逆立ったその鬣《たてがみ》は、
今はまるで柔らかな絹の糸。
燃ゆる輻射熱と射ぬく直射熱に威圧され、
黒い血が死んだように淀《よど》みつ流れつ、
飢渇《きかつ》しきった小さな腹は地の上から上がらない。
妙な重たいまどろみ
虫に刺される悪寒《おかん》・・・
じりじりと萎《しぼ》み行く力・・・
空をゆるがせたその雄叫びは今何処《いづこ》？

オアシスを渡ってくる微風に獅子はふと耳をそばだてた。

無限の空が、砂漠の上に垂れ下がって、
果てしない砂の上には狸の影もない。
たまらない飢えと死の暗闘に、
巨大な足は鹿の脚より弱くなっている。
けれども獅子は涙を持たない。
祈願することを知らない。
彼は小さな眼を寂しく開いて何かを見た。
兎一匹の臭いも放たない砂漠は、死の床を敷き拡げ、
空は棺蓋《ひつぎぶた》のように下がって来る。

眩惑《げんわく》と重い威力・・・生の頼りなさ。
たちまち大空を喜ばしく蜂雀の群れが鳴いて行った。
獅子は羨《うらや》ましげに空を仰いだ。
又しても小鳥の一群、
その群れを追って大きい鷲が、
渦巻きと疾風を吹き起こす。
獅子は前趾《まえあし》で突っ立った。
けれども、「俺はまた空想を追っていた」とて彼はグッタリとそこに倒れた。
四股が痙攣《けいれん》を起こして、
一息ごとに体躯が波打つ。
彼はまた何かを見つめた。
暗黒な洞《ほら》の中・・・
飢えに迫った牝獅子とその児が目の前に浮かぶ。
じっとしてはいられない。
その慈愛は何よりも強い。
彼は我慢した。そして嘯《うそぶ》いた。
本能の奥底に血の匂いがしてならんからだ。
声ばかりでも愛児に聞かせてやりたいからだ。

肉がなければ水でも飲もう。

一度麒麟《きりん》の頸《くび》に食いついた春の朝、
野牛をねじ伏せた真夏の真午《まひる》・・・
こういう記憶を持つ彼はまだ生を信じた。
彼は重だるい体躯を動かした。
ひょろひょろとして病後の牝獅子のように・・・
急《たちま》ち砂漠の果てにみづみづしいオアシスの影が見
えた。
獅子は眼が眩《くら》んで斃《たお》れそうに喜んだ。
青いその影を望んだだけで心が活《い》きた。
自然は俺を生かしてくれる！
行こうと彼は決定した。
又してもオアシスの蔭に何か本能を刺激するものがあ
る。
獅子は立ち止った。
駱駝《ラクダ》だ！人間の一群だ！
喰ってやろう！
たちまち山を揺るがす本能が猛々しく顫《ふる》え上がる。
ただ一撃だ！そして最上の肉塊！
彼は恐ろしい咆哮《ほうこう》をあげて駆け付けた。
砂は煙を巻き立て、空は真っ二つに裂けて、
清新な風が全身にそよぐ。
一町二町・・・急《たちま》ちにして九町十町、
獅子は爪を立てて双眼を燃やし、
体躯に渾身の力を打ち込んで、
最後の唸りを発した。
と、その途端ドーンと一発火の玉が空を劈《つんざ》いた。
前に跳ねだそうとする凝視の一刹那、
またドーン、ズドーンと二発三発！
猛烈な跳躍を試みたその瞬間、
彼の鼻柱はつっき砕《くだ》かれ、
口には瀧《たき》なす血潮が流れた。
それでも彼は獲物に飛びついて、
眠るように心持よく肉塊に喰いついた。

村の爺

またあの爺《じい》が笑ってる。
まるで野生の笑いだ。
地響きするようなその笑いの中には、
雲雀《ひばり》のように朗らかな、
水吸う日照りの土のような律呂《リズム》がある。

彼は何にも悲しまない。
そして何時も笑ってる。
あの爺《じい》、百姓爺、一人者。
子供を相手に、
地主を相手に、
女を相手に、
村の先生を相手に、
いつも同じように笑ってる。
まるで野生の笑いだ、健《すこ》やかそうな。
皆が彼《あれ》の笑いの中に引き込まれる。
あゝまた彼が笑ってる。

村の乙女

「ぼんやりお前は何を見ているの？」

「ごらんなさいな、あの山越えて春がきますわ」

「で何を考えてる？」

「何にも考えてはいませんよ」

「だっておかしいな、その顔は？」

「仕方がないわ、胸《こ》がそそられて」

「そうだろう？あの男がいるからね」

「いやですよ、私あの男を大きらい」

「それならなぜお前はぼんやりしているのだい？」

「ごらんなさいよ、
白い光が流れてきます。

動かぬ山が顫《ふる》えています。

蒼いみ空が胸いっぱいに息しています。

何だかじっと心にしみてなりませぬ。

私ほんに泣きたいわ！」

乞食の妻

日なたぼっこりの乞食嫁御《よめご》が、
心おきなく虱《しらみ》をとっている。
耳には何か歌が聞こえて、
日影はのびのび皮膚《はだえ》にしみいる。
過去も未来も何もなくて、
うとうとねむけがさしてきて、
空が住み家かしとねが堤か、
乳房に吸い付く赤ん坊抱いて、
身も世もあろうか春の恵みに、
あまえるように寝込んでしまった。

何だか急に寒気がついて、
吾が児の上から頭あげれば、
遠く日影は西に退き、
冷たい影が光にまじって、
何だか寂しゅう心細くて、
心の奥が悲しゅうおののぐ、
子供もさめてじっと目をあげ、
母の姿を無心に眺めた。

老婆の死

「婆《ばあ》さんが死にました」とて、
孫が泣きそうにして走ってきた。
私はその足で駆け出した。
雪が軒《のき》まで積もり積もって、
どんよりした津軽の冬だ。
父《おと》さはどこまで行ったのか?
母無き男児《わらし》に尋ねると、
今朝早くから出たままと、
言ってめそめそ泣きだした。
男児《わらし》を後にすべりすべり
基督《キリスト》婆さんのあばらやに、
走ってようやく近づくと、
何だかズンと心を動かす。
八十越した婆さんは、
十日ばかり飯が食えずに、
飢餓と寒さと身の患《わずら》いに、
手を組み合わせて死んでいた。
すすけた畳の隅の方には、
炉がちろちろ消えかけて、
八つを上に三つを下に、
四人の孫が寂しく待っている。
隣近辺町の信者が、
急いでここに尋ねて来ると、
子供は皆嬉しくなって、
貰《もら》った芋をかじりかじって、
そこらあたりを飛んで廻って、
「婆さお芋を食いへんか?」
五つの女児がトコトコと、
死んだ婆さを呼びさます。
「まあ可哀《かわい》そうに・・・」
信者の女が涙を流すと、

私も一緒に泣きたくなった。

（注：三浦関造三〇歳頃の弘前キリスト教教会副牧師時代の体験を詠んだものと思われる）

村の魂

鍋そそくりの源八が
駄菓子《だがし》をひしぐ婆さんの、
盲目《めくら》であるのを幸いに、
そっと金箱ひきよせて、
内からすっかり二円の金を、
盗んでコソコソ逃げて行った。
日が暮れるまで客がなく、
盲目の婆さんは金箱を、
大切そうに守ってた。
夕方爺《じい》やが戻って見ると、
箱には何も入っていない。
源八奴《めえ》が盗んだと、
婆《ばあ》やが言えば爺さんは、
困った困ったと言うばかり。
話は村へ知れたれど、
貧乏者の源八を、
誰一人として責《せ》めもせず。
噂《うわさ》ばかりが立てられた。
曲者奴《くせものめえ》の源八は、
盗んだ金を酒にして、
注文されたそそくりは、
三日三晩で底ぬけて、
役にも立たない仕事ぶり。
けれども村の百姓は、
やはり彼を責めはせぬ。
源八奴《めえ》の住む村に、
生い立ちました私は、
子どもの折の思い出が
何故か今度は目に浮かぶ。
　すむ人の罪ゆるしてし村人の、
　　心のすがたあわれゆかしも。
　盗まれてひとくやむにはくやみしも、
　　人を罪せぬ人のうましも。
　いつとなく村逃げ出し罪人の、
　　影さびしくも浮かぶ夜かな。

村のこども

姉の子の太りゆくのが日に見えて
　なすこともなう吾が日はうつる。

わが雛《ひな》は卵をうみて驚けり
　わが若い日もこうして行くか。

今朝もまたうまやに行って 秣《まぐさ》やり
　馬の背をなでて吾は涙す。

えらくなりたし善いことをしたし
　馬の喰《く》う 秣《まぐさ》 の音は寂しいかな。

大なる音ありき心おどろき
　われひとり深く思いぬ。

十五にもなって馬鹿またそんなことを
　するかとて今日も叱られる。

兄といさかい鎌《かま》なげすてて野を行けば
　春の日あわく心悲しも。

せめてもとあの家の前通れども
　あこ見えざれば思い寂しも。

あんな奴に負けるものかと思ふれば
　春の日くれて豚の児が泣く。

日はのぼり空あおく風あたたかし
　暢《の》び上れども心は苦し。

泣くものか負けるものかと馬にのり
　一目散に野路《のみち》をかけゆく。

遠い村に遊びにゆかむ友を見に
　話もしたし共に食べたし。

わらの上にもろ手さしのべ胸おさえ
　吾が身なつかし空もなつかし。

わらの上に日なたぼこりをしていれば
　遠く静かにうつつは光る。
今日はまた相撲をとりて皆を投げ
　あわれ強しと人々騒ぐ。
俺に勝つもんかと土俵をうんと踏みつけて
　輝くものを心に見しか。
鎌とりて今日またわれは草を刈る
　馬のため生く夏の日永し。
飛び出でし雉《きじ》にがさじと草の上に
　夏の香をかぎ太息《ふといき》をつく。
茫々と草深き野にたおれ伏し
　吾が泣く心吾知らなくに。

夏の夜

夏の夜・・・
何処からか秋の来る涼しさ、
しみじみと物思う今宵《こよい》、
遠く遠く遠く、
静かにささやぐ人間のふる里。

子供に好かれる善人

子供らよ集まれ！
わが多くの子供も、
また人々の子供も、
みんなここに集まれ、
私はよいお父《とう》さま、
また善い叔父《おじ》さん、
さあみんなで遊ぼう、
山がよい野原がよい、
葉っぱ葉っぱの青き、
風のすずしさ、
あゝ空が高い、
蟲《むし》がとぶ、キリギリス、
さあ走ろう、
みんな手を取れ、

廻れよ歌え、
よろこべ笑え、
さあこれになり下がれ、
右の腕にも左の腕にも、
大きな首にも、
それでよいか？
さあ歩いてみるよ！
こんなに善いお父さま、
こんなに善い叔父さん、
子供に好かれる善い私！

小さい兄の声（坊は四年十か月、兄は六年）

「ああ ―― ！」朗《ほが》らかな呼び声・・・

坊やは、びっくりして寝返りをうつが早いか窓の方を眺めた。たしかに兄ちゃんの呼ぶ声だったと思ったのに、兄ちゃんは来ていない。窓の外にはいつの間にか、もう春が来ている。坊やは耳をすましたけれども、二度と兄ちゃんの声は聞こえなかった。

　父母の許《もと》を遠くはなれた伝染病院の一室・・・坊やは永い間、ここにきて熱に苦しめられていた。がいつの間にか冬は過ぎて春になっている。

　永い間のいたづきに母も兄弟も坊やを見舞ってくれなかった。ちょうどその日、四十日ぶり初めて湯あみした母親が、病院に坊やを見舞ってくれた。母が床の中の坊やの手をとると、坊やは眼をくるくると涼しそうに輝かして、

「今朝眼がさめると兄ちゃんが呼んだよ！」と言う。

　それが四十日ぶりに初めて坊ちゃまのおっしゃった言葉だと看護婦はベンチから起ち上がった。

「そう、兄ちゃんが何と言って呼んだの？」母親が尋ねると、

「ああ ―― って」と坊やが答えた。

あらしの中の瞑想

おどろおどろと山おろす風・・・
ごうごうと磯打つ浪の音・・・
夜はしんかんとふけて、
冬をいそぐあらしの先駆《さきがけ》！
「自然も人もみんな俺の刃《やいば》の下《もと》に斃《たお》れろ！」
あらしはこう叫んでいる。

私のペンは紙の上をシイシイと走る。
妻は黙って子供らの冬着を縫《ぬ》うている。
ふと私はペンを静かに止めた・・・
シーンとした沈黙の中におどろしい自然のいぶき・・・
限りない寂しさ・・・
妻の顔・・・針の動き・・・
その瞬間瞬間に私はすべてのものを見た。
子供らを多く持って失われた恋・・・
初恋・・・涙・・・祈り・・・
それを超えて彼方には少年の目・・・
母の慈愛、父の面影・・・自然の 懐《ふところ》・・・
幸福・・・憧憬《しょうけい》・・・遠い夢・・・
過ぎし日のそれが一つ一つ、
鮮やかに床《ゆか》しく寂しい胸に浮かんでくる。
隣の部屋には、うまい(熟睡)した子供たち!
まずしい父の生業《なりわい》をよそにして、
うまい(熟睡)している姿の愛らしさ・・・
新しい時代、旧《ふる》い時代・・・
三十年四十年がその瞬間にきらめき、
すっとそれも消えてしまって、
うつろなす寂しい胸に、
おどろしいあらしのうなり。

大笑い

張り切り張り切った街々・・・
力、力、戦い、戦い、征服!
「おゝ獲物《えもの》があるぞ・・・
お前たちは後ろにおれ・・・」
魂がどこにもここにもこう叫んでいる。
自転車を走らせる者のすばしこさ、
自動車を走らせる者の冷やかさ、
新しい衣を縫《ぬ》うた乙女らの高慢さ!
皆が浮き浮きとして急いでいる。

世界が急につめたく、
私は一人後に取り残された落伍者《らくごしゃ》のように、
力もなく望みもなく街を歩いていた。
十月の午後風はゾウゾウと吹いている。
死に瀕《ひん》した吾が児の苦しみ、
いたずき(心を労し)まどう貧しいわが身、
どんよりとして頭はますます重くなるばっかり、

「どこへ行こう?・・・」
絶望の狂乱が私の肉をつかむ、
私は逃げまどうように・・・
歩いた歩いた軛《くびき》を荷《にな》って・・・

と急《たちま》ち笑い・・・
笑いが、笑いが、大きな笑いが
無限の口を開いて笑った。

大空をまっしぐらに笑いは馳《は》せて、
屋根屋根をすべり落ち、
並木の股《また》をくすぐって、
家の隅にも吾が足の下にも、
笑う、笑う ……無限の笑い。
心臓も胸も手も足も・・・
あゝ無限・・・無限の笑い、
まばゆい神秘の笑いの光、
私は大きな声をあげた・・・笑い、
力が血が神が笑って、
私は笑いの浪《なみ》のてっぺんを歩いた。

幸福

若い男と女が歩いている。
肩と肩とを並べて・・・
沈黙の幸福が彼らの上に輝く、
大空はその後ろに無限に拡がって、
白光《びやっこう》の円光《ハロー》を画《か》いている。
彼らの歩調の律呂《リズム》的なことよ!
男は男らしく地を踏みつけ、
女は女らしく柔らかに歩いていく。
若い線のもつれもつれが、
彼らの満面に・・・彼らの全身に、
限りない諧調の喜びを踊っている。
彼らは行く無の境を・・・
愛の峯《みね》のてっぺんを・・・
私は何となく魅せられた、
涙ぐましい人間の幸福に、
眼がぽっと霞《かすみ》にくもって・・・

兄の死

（兄・修吾は大正九年十二月二十七日永眠）

兄の死骸が床の上に横たわった。
私が固く握手した圧力に穢土《えど》のショックを残して。
兄よ、汝の顔は彫像のように崇高《けだか》い、
変わり者！　反逆者！・・・
どんな嘲弄《ちようろう》を受けても、
汝の死は沈黙してそれらを跳ね返へす。

死は今貧しい汝を絶対神聖の彫像にした。
涙を流して集まった人たちは、
皆汝を拝んだのだぞ・・・
あゝ高い立派な鼻・・・
茫々《ぼうぼう》とのびにのびた髭・・・
瞑目した二つの眼・・・
平静と荘厳の極みなる顔・・・
死は汝を神の姿に刻みあげた。

汝が魂を犠牲にして残した骨肉の彫像！
弟はその前に座って悔悛の念に襲われる。

汝が鞭撻《べんたつ》して余を諌《いさ》めた言葉も、
沈黙した汝が死の表象ほど強くはなかった。
言葉は往々反目を起こしたが、
死は沈黙し余を悔い改めしめる。

兄よ汝の彫像は一日一夜の印象を残して
火葬場の煙と消えてしまった。
けれども汝はいる・・・
沈黙した汝の姿と汝の生命、
死はすべてのけがれを一掃して、
汝は永遠に弟と共にある。

兄よ、あゝ死に打ち勝った吾が兄！
弟は汝に死の来るのを信じなかった。
けれども一刻は一刻よりも静かに、
穢土《えど》を去り行く汝の進行曲、
音なき曲のその果ては、
現実の吾が血の中に通《かよ》うている。
死は生を飲み、生は死を飲んで、
弟は常に汝とともに在る！

正　義

あわれみのない正義
そんな正義は人を生かさない
人を生かさない正義は
人間の正義じゃない。
　なさけない知識
そんな知識は人を赦《ゆる》さず
人を赦さぬ知識は間違いだらけだ。

山の故郷

　森厳《しんげん》にすべての感動をじっと秘めて、
雄々しく大空にぬき出た山々、
その面《おもて》には喜びの油が滴《したた》り、
その懐《ふところ》には永劫の沈黙がある。
あゝ連山よ、高峯よ、緑の山々よ！
余は汝の懐に生まれ・・・
余は汝の油と沈黙に育てられた。

都の塵《ちり》に埋もれて十五年・・・
山を見る毎に吾が心は躍る。
永遠の故郷《ふるさと》、幼き日の思い出、
天《あま》かける力・・・超越のエラン（生命の躍動・飛翔）
すべてを汝は包蔵し、
すべてを汝は啓示する。

　箱根の峠に夕立が晴れて、
雲の中から汝が雄大な姿を現したとき、
あゝ富士山《ふじやま》よ・・・寂しい富士山《ふじやま》よ！
金色《こんじき》の夕日に栄《はえ》て汝が吾が前に突っ立った時、
何という荘厳の寂しさを吾は感じたことだろう？
吾は露にむせぶ草葉の上に伏し倒れ、
おさなごのように泣きくずおれた。

　岩木の山よ・・・
皚々《がいがい》（白じろと）と雪降り積もった北国の王よ！
満目荒寥《こうりょう》たる雪路を一人、
とぼとぼと夕影に追われつつ、
余が汝の姿を遠く眺めたとき、
汝はそのぬきんでた雄姿に・・・
繊細な感情と神秘な色彩を吐き出して、

余が肉をとばせ骨を清めた・・・
あゝ絶高の粛《しゅく》とした姿に魅せられ、
路上の雪に膝まづきつつ、
余が祈りかつ咽《むせ》んだ夕の寂しさ！

夏の一日余は岩木の山に登った。
あゝ北国の王・・・東北民の霊台！
汝が絶頂の岩角に身をちぢめて、
高く低く波浪をうって・・・
津軽の方へと消え行く山々を、
一心に見はるかしたとき、
ただもう荘厳の悲しみ・・・
永劫の脈拍・・・・
余は掌を合わせて時の移るのを知らなんだ。

阿蘇の外輪山なる高原！
そこで牧馬《まきうま》の群れと共に・・・
夕立に遭《あ》った時のものすごさ！
馬はたてがみをふって疾走する、
身をかすめて飛ぶ妖雲《よううん》は、
ピカリピカリと電光を吐き出す。
さながらあまかける天軍の中に加わったよう！
日が暮れて旧噴火口の村に下り、
高原を振りかえった時の静かな思い、
まるで奇蹟の上に身は立っていた。

南国の北門に聳《そび》えつ雄姿英彦山《ひこさん》！
十幾年前吾が汝のてっぺんに立った時、
太陽は傘のような円を画いて、
まさに沈もうとしていたが、　見よ、
渓々《たにだに》が轟轟《ごうごう》と嘯《うそぶ》き出して、
渦巻き上がる夕霧《ゆうぎり》のいきおい、
たちまち霧が焔と燃え出した異象・・・・
異象・・・たちまち・・・驚き・・・・
天も地も混沌たる雲の海・・・
おそろしい高山の吹息・・・
まるで創世の荘厳・・・異懼《いぐ》
神は吾に叫んだ「汝今吾が姿に帰れ！」

何時か

何時《いつ》かどうかなるだろう？

きっとどうかなる！
こう信じて私は働く。
しかし何時まで経ってもどうにもならない。
けれども私は疑わない！
もっと努力する
もっと信ずる
しかし努力しても信じてもいつまでもだめ、
混乱と悲鳴の威嚇《いかく》が来る。
これに負けてたまるものか？
野生の力が叫んで来る・・・
野生は神の力を吹き出す・・・・
神だ、聖者だ、菩薩だ・・・・
そうだ預言者だ、道だ・・・・俺《おれ》は。
こう信じきったその時、
俺は新たに生きている！
神秘と奇蹟の足台の上に、

人間

人間が美しく見える瞬間がある。
人間が汚く見える瞬間がある。
人間が慕わしい瞬間がある。
人間がにくらしい瞬間がある。
そのどっちも事実であるならば、
私が愛するのも怒るのも真理である。

祈れる魂

喜びを求めて悲しみが来たり、
冨を求めて貧しさがやってくる。
神よ吾は祈る！
すべてを失って祈る。
吾が持つものは重荷と軛《くびき》ばっかり
吾は知る汝の道は涙と悲しみであることを。
汝の霊台は闇の底に在る。

闇の底で、でんぐり返って起き上がれ、
ひっくり返って起き上がれ、
天に上る龍巻《たつまき》は闇の底に在る！
吾が魂よ人間の奇跡を信じろ！
奇蹟のない人間は神の足台に立っていない。

でんぐり返って起き上がれ、
吾は知る神に至る大きな道を、
でんぐり返るその勇気と驚き、
またその決断と解脱の力・・・
ただそれだけが魂を救う神の道。

あゝ神よ吾は汝に祈る！
大いなるショックを求めて祈る！
今度こそ起き上ったら汝と共に在るように、
でんぐり返しを打って汝に求める。
卑しい中からぬけきって、
汝の意志に生きるようにと！

明るい声

悲しい夜・・・
憂《うれ》いとまどいだけが絡《から》みかかる。
どう思っても慰《なぐさ》めようがない。

けれども明るい声、
誰かしら遠くに語る人の声が、
ただわけもなく柔らかで、
明るく心の闇にともれる。

明 日

明日が待っているぞ！
友達！一緒に行こう！
犬に追われる兎のように、
明日が彼方に待っている。
行こう友達、起き上がれ！

逃げる獲物を射斃《いたお》さではあるものか？
さあ、いっしょに来い友達！
あの叢《くさむら》のかげ、あの野原、
人生の荊棘《けいきょく》（いばら、困難）の上に血を流しても、
かまわない、さあ進もう・・・
銃をとりあげろ・・・
兎、獲物・・・射斃《いたお》さではおくものか？

よう友達この獲物！
見ろこの肉を一緒に喰《くら》おう！

見ろ金色に燃ゆる夕日！
その真ん中で酒宴を開こう！
あゝ生命のエランだけが張りうる大酒宴！
盃にまんまんと酒をつげ、飲め！
獲物の肉を貪り喰え！
歌え、今は金色の夕《ゆうべ》！

あゝ兎のように逃げる明日！
射斃さではおくものか？

天軍

太鼓、喇叭《らっぱ》、笛、鐘・・・
旗・・・旗、槍・・・槍！ 大軍！
今朝も俺は人生の大道にそれを見た。
耳には嘯《うそぶ》き(口笛を吹く、歌う)奮い立つその進行曲！
その真ん中に白馬・・・その逞《たくま》しさ！
それに跨《また》がった若い大王！ 意力の表象！

「来れ、真人、醒《さ》めたる人類！」
真理のプロセスはここまでやって来た！

槍を握った先駆者がこう叫んでいる。
旗は朝風にバタバタと打ちなびき、
若い旗手の双眼に輝く希望！

逃げる人間は陰影《いんえい》の中に消えて、
集まり来る人間は湧《わ》き立ち、湧き立つ、
力は凝って大道はシーンとしている！
祈りと讃嘆の戦慄に俺はズーンとして、
今朝もその大軍に参じた。

勝利はそのプロセスの中に在る。
どこからか意力が迫って来て、
轟《とどろ》くような胸の鼓動！
感情は壮美のてっぺんに冴え上がって、
堅く緊《しま》った筋肉のさわやかさ、
俺は今天軍のプロセスに加わった勇士！

吾もし天に上り行きなば、
地獄に下り行きなば。
のぼり行け吾が魂の最高音《トレブル》！

大浪のようにのぼりゆけ。
吾が心情《こころ》は朝の翼、また・・・
大浪の房・・・しぶきのエラン(生命の跳躍のこと)・・・
怒号《どごう》のてっぺん・・・超越の極み・・・
あがれ海の上に・・・あがれ大空に、
花と咲け・・・星と散れ吾が魂！
愛のてっぺんに、悦びのてっぺんに、
力のてっぺんにのぼり行け吾が魂！

くだり行け吾が魂の最低音《バス》！
大浪のようにくだり行け、
吾が魂は闇の王、また・・・
大浪の谷・・・渦巻きの底・・・
悲しみのどん底・・・崩落の極み・・・
沈め海の底に・・・沈め闇の中に、
闇と泣け・・・死と組み合え吾が魂！
恨みのどん底に、地獄のどん底に、
寂寞《せきばく》のどん底に、沈み行け吾が魂！

吾もし天に登り行きなば、
汝もそこに在れ天の上に！
吾もし地獄に下り行きなば、
汝もそこに在れ地獄の底に！

生のトレプル(高音)、また生のバス(低音)、
浪のゆり上げ、また浪のゆりすえ、
すべての喜び、すべての悲しみ、
またすべての知恵とすべての経験！
みんなでそれを携《たずさ》えて行こう！

海のはての喜ばしい家、
すべての楽が奏鳴《そうめい》されるところ、
捧げものをささげる光の聖壇！
今宵《こよい》汝と吾はその天国に在る！

新しい地上

地は今新しい息をついている。
すくすくと木立はぬき出て、
葉っぱ葉っぱの緑の顫律《せんりつ》・・・
あらゆるものが新しい言葉を語り、
さわやかに高く喜びの波動！

地の上を歩む一歩一歩は、
神聖な絃線《げんせん》にふれて、
拡がり拡がる鳩の羽ばたき！

人間の顔には光がある。
今人々はみんな苦しみを忘れているよう！
老いたる者の美しさ、
若い者らの美しさ、
すべては平和の中に光を孕《はら》んでいる。

私は手をのべた・・・
大空に真っ白な吾が腕・・・
その力、その喜び、その肉づき！
私は声をあげた・・・
銀のように光る吾が声・・・
その光、その音楽、その神秘！

ただもう幸福だけが胸にしみ込む今、
大地は神聖な呼吸をして、
この身は永遠の上を歩いている。

彼女

秋の夜の寒い電車の隅に、
一人の女が腰かけていた。
飾りのない彼女の姿・・・
欲のない彼女の表情・・・
女は何かを見ていた・・・
無を永遠にジッとジッと、
その眼が何年たっても吾が心から消えて行かぬ。

眠れ

眠れ、夜が来た。
何にも憂えず床《とこ》に在れ！

幸福がお前の床に在る！
じっと心を静めて眠りにつけ！

すべての始めは無の中に在る！
お前は今お前の幸福を知らない！

一日苦しんだその心を、
いたわって床の中に在れ！

永遠の中から恵みがお前を見ている！
静かに眠ってくれ悲しい魂！

もう一つ

もう一つ何か残っている。
お前の心がお前に囁《ささや》ぐ！

もう一つ何か残っている。
それをじっと考えろ！

もう一つ何か残っている。
そこまでお前は決心しろ！

悲しみ

どこを見ても悲しみ痛み、
人は幸福の影を抱いて泣いている。
怒るのもそのためだ！
敵を得るのもそのためだ！
あゝ人は弱い孤立！・・・
危ないところを踏んでいる。

お前の門の前には、
飢えた人々があつまっている。
お前はそれを知ろうとしない。
求めても訴えても退けられて、
お前の周囲には魂が悲鳴を上げている！
求める者を跳ねかえさねば
お前は生きておれぬと信じているのか？

昼も夜も私は見る・・・
見えない者の見えない御手《みて》を、
彼はすべての人をたたいていう。
「皆が私の家族であれ！」と。
けれども人はそれを聞かない。
悲しい人だけが彼を見ている。
彼は悲しい人に囁《ささや》いでいう・・・
「悲しむ者は幸いだ、貧しい者は幸いだ、
神の道はお前たちが直くしている！」

犬

冬の夜・・・
月が冴えている
霜のさむさ・・・
こごえた地上の沈黙！

夜ふけた書斎・・・
私の心もこごえて、
シンシンと沸《たぎ》る鉄瓶《てつびん》。
ずんずんとそれが心を引き込む。

と・・・遠く野のはてに、
犬の遠吠え・・・
寂しい悲鳴
オーン、オーン、オーン！

しじまの天地に！
犬の遠吠え・・・
寂しい悲鳴
オーン、オーン・・・

悲鳴のリズム
それがハッキリと・・・
私の心にふれて、
本能《こころ》の奥にしみ込む！

私も犬のように、
そうだ、まるで犬のように、
泣いてみたくなってしまった。
遠吠え・・・永遠を懐《おも》う悲しみ！

悲しい者は神を見る。
犬も・・・私も・・・しじまの天地に、
泣き悲しんで見る・・・神！
永遠のふる里！

犬は遠くの昔、
その群棲を失って、
ちりじりばらばら
分かれてしまった！

あゝ群棲の故郷！ 犬の故郷！
冬の夜の寂しい霜に月影に、
湧き出でてきた恋しい故郷！
犬は本能《こころ》で泣いている。

人は遠くの昔、
放蕩《ほうとう》息子になってしまって、
ちりじりばらばら、
神の故郷を去ってしまった。

あゝ神の故郷《ふるさと》！ 愛の故郷！
冬の夜の寂しい霜に月影に、
湧き出でてきた恋しい故郷！
私は本能《こころ》で泣いている。

またしても月に咽《むせ》ぶか犬の遠吠え、
オーン、オーン・・・
「帰れ帰れその群《む》れに！」
悲しい預言の犬の遠吠え。

群《む》れの生長・・・
群れの愛・・・
本能《こころ》の国は底に在る。
神の国はそこに在る。

オーン、オーン、オーン、
まるで人間《ひと》の悲しい叫び！
孤立をうらむ人の悲しみ！
神なき人の遠い悲しみ！

冬の夜の寂しい霜に月影に、
湧き出でてきた恋しい故郷！
流れ流るる心情《こころ》の悲哀・・・
悲しみ仰ぐ神の故郷！

今年もまた時鳥《ホトトギス》

今年も来たか、またホトトギス、
今宵初めて私は聞いた。
五月の空がじめじめ曇って、
うすら寒い闇のわたづみ。（海、海の神）

声は鋭く真一文字に、
前に後ろに、右へ左へ・・・
力の限り泣く時鳥《ホトトギス》・・・
哀れ血に鳴く吾が時鳥!

じめじめ曇った五月の空に、
目当てはどこか闇のわだつみ。
けれども叫ぶ声の限りに
求めてやまない闇の血の声!

外道者

ここにいる反逆者《アポステート》・・・外道者《げどうもの》!
ジュピターに叛《そむ》いたプロメテイウス!
エホバに叛いたイエスクリスト!
その次に来る大反逆者、外道者!

その名を賛美しろ、反逆者!
反逆者がいつでも人間の道を開き、
外道者が常に新しい神聖を創造する。
最後に来る反逆者・・・その大光栄!

正統派は常に独断と陋劣《ろうれつ》!
正統派は常に人間の血を吸い、
正統派は常に神をないがしろにし、
そして自分の罪に戦慄せざる死の墓石!

闇を引き裂く反逆者!
墓石を蹴飛《けと》ばす外道者《げどうもの》!
水晶のように透き通った汝が頭脳の明敏!
解き放たれた汝が自由の旺溢《おういつ》!

正統派は小団体の自衛に固《かた》まる!
それは宗教でも、音楽でも、詩でも。
眼腐《めくさ》れ金と手を取った文学
お前の名は正統派?

商売人に持ち上げられた詩人、
感覚の表面に浮遊するごまかし詩人。
人間の新しい感激は、
先ず汝を亡ぼす反逆者から始まるぞ。

詩でない預言は偽預言！
預言でない詩は偽善の悪戯《わるさ》！
大なる天絃《てんげん》を掻きならして、
反逆の大詩人ここに出で来い！

三浦関造著『エホバに叛いたイエス・クリスト』
（宗教哲学の革命）参照を乞う。

でんぐり返し

「百辺《ひやっぺん》でもでんぐり返しを打て、
そしたら本ものになるだろう！」
日向《ひゅうが》の預言者がこういうた。
それだけの勇気がなくちゃいかぬ。
でんぐり返し、ひっくり返れ！
腐ったむくろと腐った魂！
でんぐり返って救われろ！

力一ぱい

子供たちが力一ぱい叫んでいる。
オリンピストが力一ぱい走っている。
牛が力一ぱい荷車を引いている。
汽車が力一ぱい走っている。
重病患者が力一ぱい忍んでいる。
舟子《ふなこ》が力一ぱいこいでいる。
小作人が力一ぱい稼《かせ》いでいる。
貧者の妻が力一ぱい手間仕事をしている。
女中が力一ぱい働いている。
木の葉が力一ぱい手を拡げている。
日光が力一ぱい照り輝いている。
雷が力一ぱい鳴りはためいている。
地球も星も力一ぱい回転している。
みんな力が祈念している。
みんな力が光って見える。
その中に取り残されるな！
取り残されたらそれが罪悪！
取り残されたらそれが滅亡！

欠乏

欠乏の中から使命が出てくる。
欠乏の中から価値が出てくる。
満ちたった生活には使命はない。

満ちたった生活には価値がない。
精神的にも、物質的にも
欠乏の中に知恵を見出せ。
それに堪えそれに打ち勝つ信仰を見出せ。

休　憩

自分は疲れて憩《いこ》う。
思いを焦《こ》がすさまざまなことがあるけれど、
何もかも棄ててしまって憩う。
そして大空の果地《はてち》の末を望む。
森の緑褐色の土を見る。
柔らかな慰撫《いぶ》が悲しみの戸をあけて、
疲れたこの心の中に音づれてくる。
浜辺ない苦労の海の果てしない骨折り、
それがすっかり忘れられてしまう。
喜び喘《あえ》ぐ夏が足もとの草の上で戯《たわむ》れる。
蜜蜂が花叢《はなむら》の聖殿で弾琴《だんきん》を始める。
暢《の》びやかな暢びやかな気になってしまう。
大海を横切りとぶ大鳥のように、
私の身体は新しい翼を拡げる。
天も地もワクワクと新しい呼吸を始める。
そして自分の神聖な仕事が明らかになってくる。

義　務

どこからどこまでが自分の義務か解らない。
考えれば考える程自分の義務は多い。
義務と思うたことは何でもやりたい。
いや、また何でもやらねばならないと思っている。
けれども何一つ義務が完全に果たせない。
かつがつ義務を完《まっと》うしていく人が羨《うらや》ましい。
義務に無形なものもある。
義務に手足を労するものもある。
義務に経済を伴うものもある。
何でもやりたい。
やり終《お》うせる者になりたい。
義務！　名は美しい。
義務、その名は神のごとくに響く。
一人の労働者、一人の会社員、また店員、
彼らは一日の義務を終えて満足して家に帰る！
けれども自分の義務は友達の上にも拡がっている。

また、多くの人々の上に、
知らない人の上にまで拡がっている。
自分の義務は自分の思索の上に、
また創造の上にも拡がっている。
私は人類のために義務を負わねばならぬと考えている。
どこから何処までが今日の義務であるか？
心が苛立《いらだ》って安心が出来ない。
義務どころではない・・・
自分は自分にさえ破れやすい。
自分の家族に対してすら破れやすい。
満足の良心という言葉は私を苦しめる。
私は与えることよりも受けることが多い。
頭を垂《た》れて求めねばならぬ境遇にいる。
義務よ、吾を赦《ゆる》せ！
私はすべてを棄ててしまわねば仕事ができない。
私の仕事はこうして悲痛の中から産《う》まれる。
私の仕事はこうして解脱《げだつ》の中から産まれる。
義務を終わらせぬならず者！
私の心にはこんな声が響く。
けれども私は自分に破れることが一番恐ろしい。
だからすべての譴責《けんせき》に超越して今日の仕事をする。

無

自分は拙《つた》ない！
思索することにも拙い！
仕事をすることにも拙い！
人を喜ばせることにも拙い！
風采《ふうさい》まであがらない！
それにどうして義務を全《まっと》うせられよう！
それでどうして人に勝つことが出来よう！
善いものを以て私は誰にも誇れない！
人の中に行って私は腕力で勝つよりほかはない。
どの群れに入ってもじっとしていれば、
私はいつでも人から蹴《け》おとされているような気がする。
だから私はのさばる。
のさばった結果はいつも人と自分を傷つける。
私は安心のしようがない。
世の中は私に安心を与えない。
ただ無だけが私の心を引き立たせる。
人を喜ばせるのも神のため、
世を益するのも神のため、

義務を全うするのも神のため、
けれどもそういうことは比較的の価値を産む。
私は人と比較されることが大きらい、
比較的の価値に私は安んじていられない。
私はただ絶対を求めている。
比較の褒貶《ほうへん》を脱した無の中に、
そうだその無の中に、
絶対からの命令が始まってくる。
私は超越して無の中に在る。
そして犯されない神の仕事をして行こう。

吾が詩

私の詩は絶対の意志でありたい。
私は人の悲しみを通して神を見よう。
そしてそれを詩にしよう。
感覚の詩人は人に誇るべきものを恵まれたおめでたい人々だ。
吾が詩は感覚の屑物《くずもの》でありたくない。
感覚で人をあざむくまい。
私は感覚と共に衰える詩を歌いたくない。

微笑

停車場で愛らしい三人の児が戯れていた。
田倍作《たごさく》(農夫)も紳士も主婦《かみ》さんも女学生も、
みんなでそれを見ていた。
微かな笑いが皆の顔にほのめく。
いかめしい髭面《ひげづら》が雪のようにとけて、
厳寒の野に早春の淡い光が来たよう。
乙女たちが蕾《つぼみ》のように口を開いた。
主婦《かみ》さんたちが歯をむっくり出した。
光の波が皆の眼から流れ出て、
おどる子供の上にふりかかる。
電車を待つプラットホームの瞬間。
すべての心はその忙しさと、
思い煩《わずら》いのすべてを失って、
小さな光の動きに溶け合い、
大きな者の鼓動に托されている。
私は皆の顔を見回して、
いい知れぬ喜びに涙ぐんでしまった。

接　吻

どんよりと頭がくもって、
希望が光を失った時、
思うこと為すこと力が籠《こも》らず、
なにごともみんな手まどいになった時、
心は原始の幼児《おさなご》に帰って、
甘い愛撫《あいぶ》と接吻《くちづけ》だけが慕わしい。

あわび採り

ここは房州の外海岸、
大きな褐色の岩石が、
角を突き立てた水牛のように、
荒磯の潮をかぶっている。
その岩角の間をくぐって、
あわび採りの女たちが、
水底《みなそこ》深く這《は》い廻っている。
人魚のようにプクリと浮かび出たかと思うと、
あわびを浜に投げやってまた沈む。

夏の日でりに岩角は日に焼けているのに、
あわび採りの女たちは、
岩石《いわいし》の上に円居して日なたぼこり。
ぶくぶくと肥った股《また》をむき出して、
まばらな褐色の髪の下には、
真っ黒に焼け焦がれた顔が笑っている。
その笑いは大浪の笑い、
その戯れ興ずる声はむき出しの性の話！

気味悪い自然の圧力が襲ってきて、
私は手をとってた都の乙女を振り返った。
乙女はなぶりつける潮風に、
雪のようなまばゆい表情をして、
沖の方を無心に眺めていた。

都の中に咲き出でた花の乙女と、
荒磯に生《お》い育ったあわび採りの海の女と、
コントラストのきわみなる
二つの自然が私の前に在る。
一つは自然の中にむき出しの女たち、
一つは自然のくしき都の乙女！

その晩床の中に身をのべて、
私は二つの影を見た。
荒磯の底に生命《いのち》がけの女と、
吾が詩を慕う都の乙女と・・・
森々《しんしん》と夜が更けるまで、
二つの舞踏・・・不思議な渦巻き！
都の乙女と海女《あま》の舞踏！
まどろみ深くなっていくままに、
私の身体はそっと抜け出で、
荒波の曲に揺り上げ揺りすえられ、
海女《あま》の笑いに嘲《あざけ》られつ
潮をのんで沖へ沖へと漂う彼方に、
恋する都の乙女の悲しい表情が、
ぽっとしぶきの中に消えてしまった。

乙女の悲曲

私の先生！
私は悲しい涙で、
先生のお冠《かんむり》の玉をつくってあげますわ！
蒼空《あおぞら》は先生の頭《つむり》の後ろに、
無限の円光の輪をつくり、
太陽は先生の頭《つむり》の後ろに、
無限の後光をさしていますけれど、
私は先生に冠の玉をつくってあげますわ。
悪魔は富と虚栄とを私に与えてくれます。
けれどものそれは私のものではありませぬ。
絶対的に私のものは私の悲しみ、
先生、私はそれを捧げものとして先生に捧げます。
先生、人の世はどんなに変わっても、
運命がどんなに私を先生から離しても、
私がお冠の玉を携えてきます時、
先生どうぞやさしいお心で、
無限の愛を知らしてくださいまし。

死の讃美

最後の礼拝をする時が来た。
すべてのものは巻き去られて、
吾が門に神の使いが来ている。
夜は暗く心は寂しい。
けれども吾は燈火かかげて、
彼を迎えなくてはならぬ。
吾は今掌《て》を合わせて彼を拝もう。

すべての吾が宝をその足下《あしあと》に捧げて

○

見よ姉よ、弟よ、妹よ！
今吾は旅立つ！
吾は汝らすべてに最後の礼をする。
ここに鍵が在る！
吾はこれを携えて行ってはならぬ。
これは吾が門の鍵・・・
自我の鍵である。
あゝ吾は今すべての権利を棄てた。
すべて吾が身の保護も怒りも恨みも捨てた。
さよなら！ 私は今・・・
兄弟姉妹の優しい声をききたい。
私はあまりわがままだった、
私は与えること少なく、
受くることが多かった。
今や夜は明け、
吾が門は開かれた。
光は遍《あまね》く漲《みなぎ》っている。
小さな灯は消えて、
光の世界が私を包む。
さよなら今私は出て行こう。

○

友よ、吾が兄弟姉妹よ！
新しい名誉の冒険が彼方に在る。
私はさわがない。
新しい曙の光が吾が心に孕《はら》まれ
吾が行く道は新鮮な露に滴《したた》っている。
私は手に武器を持たず、
望みの心で旅立つ。
行く道に危険があっても私は怖れない。
夕星の下に大王の都が見える。
私の希望はその星その都に連なっている。

○

神よ、吾今最後の祈りを祈る。
吾は今吾が翼を汝の脚下に拡げ、
地の上に卑《いや》しい頭を下げて祈る。
卑しい吾が頭は夕立の黒雲のように重く、
吾が涙は夕立の雨のようにしげしい。
神よ、今吾が一生のすべての歌曲は、
流れて涙となり有限の悲しみを包んで。

すべては整っています。おお、我が神よ、貴方は天と地を貫いて為される。

私は望みません。

平和と繁栄とは貴方のものです。

貴方は清らかなユリの中で私を育《はぐくみ》み、私を緑なす草原の上で造られた。

私は幸福に包まれる。

おお、私はここにキリストを視る。貴方は調和へと耐える慈哀の心を持って私と共に歩む。

私が苦しむほどに貴方は哀れ深くなって、私の魂に絡みついた夾雑物《きょうざつぶつ》を焼き尽くしてくださる。

私に祝福を与え、命と慈悲で満たしてくれた貴方に感謝します。

私はこれ以上の祝福を求めません。

私は満たされているのです。

（１３）

Every thing is good, Oh, my God.
Thy will be done throughout heaven and earth.
I shall not want.
Peace and prosperity are Thine.
Thou feedest me among the lilies, and makest me lie down in green astures.
My cup runneth over.
Oh, I now see Christ walking with me with all His griefs endured for humanity.
The more I suffer the more beautiful He becomes, burning up the rubbish in my soul.
I thank Thee that I am blessed, filled with life and mercy.
I wait not further blessing.
I am satisfied.

(12)

真夜中に祈る人

私が（仕事で）難儀《なんぎ》しているときに、妻と子供たちが病気に罹った。事態が悪化して行った。ある夜、私は、繰り返す看病と多難な仕事が重なって疲れ果てて、何もできなくなって、苦しみながら眠ってしまった。異常に生々しくて苦しく、圧迫されるようなみじめな夢を見た。それは、私の神経と筋肉とが食いちぎられるような夢だった。私は、戦場で傷ついた兵士と見まがうほどに荒涼《こうりよう》としていた。すると、再起して、終わりのない恐ろしい闘いをしなさいというはっきりとした命令を感じた。私は、発奮して、繰り返し繰り返し、闘ったが、無益であった。

夢の中の、半意識状態で、事態はますます悪くなっていると思った。私の体は冷や汗で覆われ、神も救いもないかと思われた。

だが、突然、衝撃的に私は夢から覚めた。夜の暗闇の中で、雨がかぼそい音を立てて降っていた。

深夜の雨の音以外、音は聞こえず、街の騒音のわずかな響きさえなく、病んだ家族のうめき声さえ聞こえなかった。私は耳をそばだてて雨の静かな音に聞き入っていた。なにかが私の意識の中に忍び込み、それがだんだんと明らかになってきた。

雨の中に大都市が埋もれ、暗闇が原始林や草原のように見えた。アダージョ・カンタービレの（ゆるやかな流れのような）壮大な音楽のように、完全な平和と静寂とが支配し、雨がなお、静かに降り続いていた。突然、音楽はアルペジオ（和音の構成音を急速かつ連続的に奏でること）の神秘的な演奏に代わった。しかし、再びゆっくりと元のしずかなメロディに戻った。すべてが調和し、すべてが清らかで、私の稔り豊かな未来が約束されている思いの感動で包まれた。私は起き上がり、感謝の念に包まれて床の上に座っていた。とこしえなる神がベールを解いて、私の裡に不滅の言葉をささやいた。私は全身全霊で彼を礼拝し、このように祈った。・・・

（１１）

A MIDNIGHT PRAYER

When I was in need, my wife and children were taken sick. Things went from bad to worse. One night I fell into a troubled sleep like one paralyzed, being tired out by many cares and much hard work. Uneasy, oppressive, miserable dreams kept coming and going with unusual vividness, eating out, as it seemed, my nerves and muscles. I found myself desolate as a wounded soldier on the battle field. Then a distinct order came to me to take up again the old endless terrible battle. I tried and tried to be strong enough to fight, but all in vain.

Half-conscious I thought in my dreams things grew worse and worse. My whole body was covered with a cold sweat. There seemed neither God nor salvation.

But with a sudden shock I waked from my dream. The night was dark and the rain was softly pattering. No sound was to be heard, not even the faintest echo of the din of the city-life, nor even a groan of my sick family, nothing except the pattering of the midnight rain. I listened and listened to the gentle falling of the rain. Something came into my consciousness and gradually became clearer and clearer.

The great city buried in the rain and darkness seemed to me as if it were primitive forest or meadow. Like grand music in *adagio cantabile* there reigned an absolute peace and serenity, the rain still softy falling. Suddenly music turned into a mystical playing in *arpeggio*, yet again it gradually returned to its former gentle melody. All was harmony, all was purity, and all my frame thrilled with the bliss of promised prosperity and fruitfulness. I got up and sat on my bed in unspeakable gratitude. God eternal and unveiled was whispering within me immortal words. I worshipped Him with my whole heart and prayed thus:——

(10)

鐘　［和詩「警鐘」を参照のこと］

見よ！　一つの鐘が遥《はる》かな高いところにかかっている。
その上に、白い太陽の光が降り注いでいる。
空は、若い母親の胸のようだ。
宇宙は、生き生きとした命で振動している。

私は驚きの眼を持って再び鐘を見上げた。
青空高く伸びている梯子《はしご》の先端を見て身震いした。
人々は、聴いたことのない音を聞こうと見つめている。

見よ！　一人の男が梯子を昇っている。
彼は地面をけって高く高く昇っていく。
もし彼が落ちたなら・・・
空と白い光線が慄《おのの》いている。

おお、一人で梯子を昇る君よ、
鐘を打ち鳴らせ。
世代を超えた日本の男女の内なる声を受けて。
おお、男よ！　先駆者よ、鐘を打ち鳴らせ！

国民によって打たれる限りなくうるわしき鐘よ。
ああ、太陽の光が揺れている。空が深々と息をする。
そして、鐘が生き生きとして、人類を見下ろしている。
鐘を打て。
おお、男よ、力一杯に鐘を鳴らせ。

今が開始の時、今が鐘が鳴りだす時、
さあ！　今が命が生まれ出る朝だ。
露のしずくが落ちる。
鐘を鳴らせ、おお男よ、鋳造されたばかりの鐘を。
闘いを始めよ、お前の全力を注入して。

（9）

The Bell

Look ! a bell hangs extraordinarily high.
Upon it the white sunshine is falling.
The sky seems like the breast of a young mother.
The universe is quivering with fresh life.

I look up again to the bell with a new surprise.

How terribly it looks at the top of the ladder, that towers so high up in the blue sky.

The people stare at it expecting to hear its unknown sound.

Look! a man climbs up the ladder.

He leaps from the earth ; he climbs higher and higher. If he should fall ......

......The sky and the white sunlight are trembling.

O you who climb up the ladder alone strike the bell, infused with the inner voices of the men and women of Japan through ages.

Strike, O man !
Forerunner strike the bell !

This is most wonderful bell ever cast by the nations. Ah , the sunshine is quivering and the sky is deeply breathing , and the bell is alive and looks down upon humanity. Strike the bell, O man, with all thy might and main.

Now it is the beginning ; now it is the time when the bell should be rung . Lo! 'Tis the morning of life.

Dewdrops are falling.

Strike the bell, O man, the newly cast bell: and begin your fight , your strongest endeavor that has ever been done.

それから私の心の中に、暗く湿気のある森の中に深く潜んでいるような深い人の哀れみの感情が、池の水面を滑るさざ波のように静かに湧《わ》き起ってきた。私は、ただ遥か彼方から響いてくる、悲痛も苦痛もない、貧しさも死をも超える音楽のようなうるわしい感情の中で佇《たたず》んでいた。

このような感情に打たれて私は、「この家族のために祈りましょう」と述べると、彼らは皆、輪になって、畏敬の念に満たされて、頭を垂れ、跪《ひざまづ》いて祈った。

二、三人の人が涙を流して祈っているときに、この家の主《あるじ》であるアクセサリーの売人が玄関に物言わず立っていた。私は彼の日焼けした顔を振るえるような悲哀が横切り、一瞬、蒼《あお》くなるのを見た。

肩からアクセサリーの入った箱をおろすと、彼は死体の前に黙って跪《ひざまづ》き、落ちる涙を手で拭《ぬぐ》った。彼の子供たちはそばに寄り添って泣き出した。

この瞬間、私の幸福な思いは消え失せ、再び言いようのない苦悶が心を蔽《おお》った。

翌日、簡素な葬式が執《と》り行われ、私は心を込めた短い説教をした。

一週間後に、このまずしい男性が我が家に来て感謝の言葉を述べて、一円の志《こころざし》（当時ではかなりの金額）を差し出した。私はそれを固持したが、彼はそれを押し返し、何度も何度もお辞儀をして、我が家を去って行った。

この人たちに別れを告げてから何年もたち、私は教会から非キリスト教徒と追放され、牧師職を解任され、牧師ではなくなっている。

しかし、人生上の嵐や苦節の中に凪《なぎ》を見出す時はいつも、これらの過去の日々の名状しがたい光景が思い浮かぶ。私は再び、心の森の奥深く隠れているものが池の水面を沸《わ》き立つさざ波となって、私の心を揺さぶり、彼らと一つに融け合う。

しかしすぐに、あらゆるものが変わってしまい、私たちが昔の日々のように、哀しみも喜びも分かち合うことのできないことを想って、哀しみが再び戻ってくるのである。

（7）

Then a feeling of deep human sympathy arose in my heart quietly like the ripples, playing upon the surface of a pond in spring, deep hidden in the recesses of a dark damp wood. I felt myself in a region where there was no sorrow, no pain, but only the beautiful feeling over me like distant music, transcending poverty and death.

Having been filled with such a feeling, I said: "Let us pray for the family." They all sat down in a circle and bowed down their heads in reverence and awe.

When two or three prayers were offered in tears, the master of this house —— a dealer in fancy goods —— came home and stood dumb at the entrance. I saw a trembling sadness suddenly crosses his sun-burnt face, which in a moment turned pale.

Putting down from his shoulders the box of fancy goods, he knelt down speechless before the dead body, and with his hand wiped away falling tears. His little ones, standing by, began to cry.

My celestial glimpse died away at this moment. An unutterable misery again filled my heart.

The next day a simple funeral was held, and I delivered a short sermon with feeling.

One week later, the poor men came to my house, and thanked me, at the same time offering me an one-yen note. I did not wish to take it, but he was firm, and bowing again and again he left my house.

Many years have passed since I bade farewell to those people, and now I am not a pastor, having been dismissed and expelled from the church as a non-Christian.

But whenever I find a lull in the storm and stress of life, the indescribable scenes of those bygone days come back into my mind; I see again the ripples playing upon the surface of the pond, lying hidden in the woods of my heart; and my heart is united with theirs.

But soon sorrow returns, for I remember that all things are changed, and that we are unable to share our sorrows and joys as in the former days.

貧しき女性の死

［和詩「老婆の死」を参照のこと］

「ぼくのおばあちゃんが死んでしまった.。お父ちゃんは家にいない」。悩みを抱えながら私の家にやって来た少年がこう言った。彼の顔は驚きと恐れと悲しみとでゆがんでいた。

その当時私は牧師であって、彼を何とかしようと心急いでいた。

空は雨模様で雲が重く垂れ下がっていた。

雪が膝のあたりまで積もっていた。

「お父さんはどこ？」と、その少年を振り返りつつ私は聞いた。

「どこにいるか知らないよ。お父さんは今朝、アクセサリー(小物)を売りに出かけたんだ」と、この母のいない少年は啜《すす》り泣きをはじめながら答えた。彼の母親は２年前に他界した。

その時私は、この少年を残したまま凍りついた道路を滑ったり転んだりしながら駆けた。

亡くなった女性の家に近ずくと、不思議な冷たさに思わずたじろいだ。

私が貧しい家の中に入るや、年老いた女性が死んでいるのを見た。彼女は８０歳以上に見えた。死ぬ数日間、彼女は病と貧しさのゆえに、何も食べていなかった。

私は、暗く埃《ほこり》っぽい部屋を見回した。そこには、燃えカスの火がくすぶっている囲炉裏《いろり》があった。そこを囲んで、痩せこけて弱々しく目を閉じている４人の小さな子供たちが座っていた。

隣の家の人達や同僚のクリスチャンがこの家にやってきたとき、子供たちの顔は赤みを取り戻し、お芋《いも》を食べると、部屋の中をあちこちと駆け出した。

それから一番幼い３才の少女が死んだおばあさんの所に近寄って、

「おばあちゃん、お芋《いも》を食べない？」と言った。

答えが返ってこなかった。

そこに居合わせたすべての婦人がこの光景を見たが、その内の一人が「ああ、なんと愛らしくまた哀れなことでしょうか！」と言うと、婦人たちは皆啜り泣き続け、泣き終わった瞬間、深い沈黙が訪れた。

（5）

The Death of a Poor Woman

"My granny is dead, and father is not at home," said a little boy to me as he came me in his distress to my house. His face was distorted with surprise, fear and sadness.

I —— at that time a pastor —— started with him in a great hurry.

The skies were damp and heavy. The snow lay full knee-deep.

"Where is your father?" I asked looking back at the boy.

"I don't know where he is. He went out this morning to sell fancy goods," answered the motherless boy, beginning to sob. His mother had been taken two years before.

Leaving the boy behind I ran and ran slipping and falling on the icy road.

When I approached the dead woman's house, a strange coldness struck my senses.

I entered the poor cottage, and found the old woman dead. She was more than eighty years old. During the last few days because of sickness and poverty she had eaten nothing at all.

I looked around in the dark dusty room. There was a hearth, on which a low fire was burning, and around it were sitting four little children all thin and feeble and drowsy.

When neighbors and fellow Christians came to this house, the little children's faces began to shine, and being given some sweat potatoes, they began to dance up and down the room.

Then the youngest one —— a girl three years old —— went to her dead grandmother's bedside and said:

"Granny won't you take some sweet potatoes?"

There was no answer.

All the women who were there heard this, and one of them said, "Ah! How lovely and pitiful!" Sobbing continued among those women, till at last there fell a deep silence for a moment.

人間性の哀しき調べ

或る海岸の旅館の二階の欄干《らんかん》にもたれて、私は月光が青く輝く静寂の中で一人黙想した。

静寂が漂《ただよ》い、そよ風さえ起らない全くの沈黙の中で、いかなる想いも名状しがたい熱望を遮ることはない。

と、突然、民謡が聞こえてきた。それは、夜のしじまからやってきて、不思議にも私の最内部の心の琴線を震わせた。

誰が一体歌っているのか、私にはわからない。それは、過去の世代のあらゆる哀しい心からやってくる、心を揺さぶる哀しい調べであった。

月と海と島と森、・・・それらはすべて一つの哀しみの中に溶け込む。私は、いずこかで歌う人の声に耳を傾け続けた。宇宙そのものがこの歌を通して泣いていた。

突然、夜のしじまの中で歌が止んだ。月光のさざ波に余韻を残し、私に衝撃を与えつつ。

私は寂しい旅人であり、石のように無口で、苦悩に喘《あえ》ぎつつも、心が澄み、ついに、欄干にもたれて、哀しみと悦びとの入り混じった涙を流した。

しかし間もなく、急に、夏の雷雨のように心が鎮《しず》まり、言葉で表すことのできない、うるわしい甘美なふるえと共に、たとえようもない平安に包まれた。

私のコップは、無限の愛と哀しみをもたらす清冽な水で、その縁《ふち》まで満たされた。そしてこの内的な経験によって、私の魂は生き生きと蘇った。

この印象がいまも私の中で鮮やかである。そして、その残響が私の内部の世界で光のさざ波となって漲《みなぎ》るときはいつでも、私は哀しい人間性の永遠なる道のりに佇《たたず》んでいることを感じる。それは、詩的な心象と犠牲の精神への憧れを起こさせる。

ああ、されど、私はけっして更新することのない故里《ふるさと》である永遠の門口に佇《たたず》んでいた。そして、名状しがたい衝撃に打ち震え、この発見に驚くのだ。

（3）

Sad Music of Humanity

Leaning on the balustrade upstairs of an inn at a certain sea-shore, I mused alone in the stillness of the pale moonlight night.

The sea was calm. No breeze stirred in the deadly silence, nor any thought disturbed me from a nameless longing.

Then suddenly a folk-song arose. It came out of the silent bosom of the night, and strangely touched my inmost heart strings.

By whom was it sung, I did not know; but it was such a heart breaking sad strain that it seemed to have proceeded from all sad hearts of past generations.

The moon, the sea, the islands and the woods ——— they all melted in one sadness. I listened and listened to the peasant who was singing unseen; the universe itself was weeping through the song.

Suddenly the song died in the stillness of the night, leaving its reverberation upon the ripples of the moonlight; it gave me a sudden shock.

Then I, a lonely traveler, dumb like a stone and wretched in agonies, found myself so clear and vivid that at last I fell at the balustrade and wept with joy which was sorrow.

But soon the sudden emotion was cleared away like a summer shower, and an unparalleled peacefulness occupied myself with its unspeakable murmuring sweetness.

My cup was filled up to its brim with the living water which made me feel an infinite love and sorrow. This inner experience quickened my soul.

That impression is still alive in me. And whenever its reverberation swells upon the ripples of the light of my inner worlds, I feel that I am on the way of an eternal process of sad humanity, which ever yearns and strives with its poetic imagery and sacrifice.

Ah, nay, then I find myself at the corner of an Eternal, ever renewing dear home; and I wonder at my own discovery with a nameless shock.

(2)

Poems

By Sekizo Miura

岩間浩村　訳

大正拾年七月貳拾日印刷
大正拾年七月廿五日發行

【定價 金壹圓五拾銭】

不許複製

詩集 祈れる魂

著者 三浦 関造

発行者 東京市京橋區南鍋町一丁目二番地
隆文館株式會社 代表者
松野 鶴平

發兌元 東京市京橋區南鍋町一丁目二番地
隆文館株式會社
電話 銀座 一七八〇番
二三四〇番
二三四一番

振替東京八五三番

東京市京橋區西紺屋町二十七番地
印刷者 佐久間 衛治

東京市京橋區西紺屋町二十七番地
印刷所 株式會社 秀英舍

詩集 『祈れる魂』の発売当時の奥付の内容

◎参考資料

昭和二九年一月二五日初版発行の詩集『心の大空』より抜粋

三浦関造師が『祈れる魂』を大正一二年に上梓なされてから昭和二九年発行の詩集『心の大空』へと至る心霊的な足跡が、二つの詩集に共通する詩「巨木」と「深夜の合掌」と「祈れる魂」から「魂の祈り」への変化に垣間見えますので、参考資料として詩集『心の大空』より、

◆序
◆「巨木」
◆「深夜の合掌」
◆「魂の祈り」

を抜粋致しました。

『心の大空』より

◆序

この詩集の前篇は、十六歳から四十三歳までの作を選んだのである。神性のあこがれの中に、苦難にたえて来た統覚のほのめきもあれば、大師の心境になごみこんだ作もあり、人類的な革新衝動の目ざめも混る。

後篇は、今日この頃の作である。内的経験の中から統覚《ヨガ》の実証を示すものを、とり入れた。しかしそれは、わが経験の一部にすぎない。またチベットの聖者のことばをとり入れた。チベットは、スイスと同じように、仲立国として独立国にするよう、民共両側の理解を得なければならぬ意義ある土地である。

チベットは、人類の精神的宝庫である。まだ人類に発見されない秘伝科学の経典が沢山秘蔵されている。その一つを学んだのが、印度のベナレスに住むグル・ヴィシュダナンダーである。空中から食物を造り出し、死体を復活させ、様々な薫香を速坐に発する太陽科学は、ヴィシュダナンダーが、チベットなる一千二百歳の老師から学んだのである。

チベットには、今幾多の人々が至上の三昧に入つて

いる。彼等が現意識に戻つてみると、早五六百年が過ぎ去つて、聖者たるの聖体に変化している。この事については、印度の聖者サディ・バブがいう。

人類が研究しなければならぬ至上の目的は、それ等の経典と聖者に見出される。チベットの聖者たちの或る人々が、印度のダージリンに下つて来る日があるだろう。ダージリンは、ロンドン、ニューヨーク、ジュネーヴ、東京の四都市と、精神的の糸につながれて、世界新文明の発足に貢献するものを生みいだすと、チベットの大予言者がいう。

われわれは、世界の進歩を促がす沈黙の流れの中にいる。その流れに、幼少の日から耳傾けて出来たわが詩は、ひそかに或る人々にだけ読まるればよい。後篇瞑想の詩いくつかは、パタンチャリーのヨガ経典に照してみれば、その真実性が了解されるであろう。

― 著者 ―

巨　木（散文詩）［183頁参照］

荒野のまん中に一本の巨木が立つている。幹《みき》は空虚《うつろ》、ほとんど枯れ朽《くち》た幹に生き残つた木皮《かわ》を伝《つと》ふて、大地の中から養分が梢《こずえ》の方へと、のぼつて居《い》るばつかり。枝は多く枯れ落ちて、一番上の枝ぶりのよい大きなのが、一つ生き残つて居る。

春先になると、この枝に小き粘《ねばつ》く芽が、拳《こぶし》のように萌《も》えいでゝ、やがてはみづみづと大空に大手を拡げ、空高く吹く風に打ちそよぐ。

荒野を横切つて行く旅人は、この梢を仰いで、みんな偉大な感じにうたれる。

その梢には、空の小鳥も来てさえづり、山の大鷲も来てとまる。村雨《むらさめ》はこの梢をかすめてすゝり泣き、そよ風はこの梢に来て踊《おどり》を舞ひ、月はこの梢の露に宿る。

毎朝村の老人は、この巨木の頭から日の登るのを見ておがむ。

冬の寒むい日、貧しい一人の母親が、この木の南側に北風をさけて、赤坊に乳をのました。

春も夏も秋も冬も、村の一少年がこの木かげで、外国の詩人テニソンとワーズワスの詩を暗誦していた。この少年は長じてえらい人になつた。これから後も、彼は巨木のように、世界の人々から、敬虔と愛慕の心で見あげられるだろう。

広い荒野に、只一本この巨木が立つている。嵐の吹く時、この巨木はおそろしい声をあげて、村の上にうそぶく。

風のない晩、この巨木は寂しい影を村の上になげる。この巨木は、昔から立つていた。昔の源泉から、新らしいものを、いつも、ひそやかに、まとひ出している。

深夜の合掌［184頁参照］

夜はしんしんと更《ふ》けた
彼は一人端座している
空の静けさ……地の寂しさ
凡てのものは今休んでいる
みにくいものが皆《みんな》洗ひ流されて
つく息の音《ね》もきこえぬ夜《よる》
その夜の荘厳にしたつて一人《ひとり》彼は
心ゆくまで掌《て》を合せている

森閑《しんかん》とした沈黙につゝまれ
悲しみと苦しみとを
疲れた翼のようにたゝんで
すやすやと眠る人々の姿
掌《て》を合せて彼は凡ての人のために祈る

さんぜんとして涙がこぼれる
合掌した彼の手の上に
限りない遠さ限りない親しさ
凡ての人々の呼吸が今
この静かなる者の胸にゆだねられ
尊いものの始まるけはひ

このまゝの心で
顔と顔とを合せたい
血ばしらない眼《まなこ》と眼とで
涼しい心と心とを眺め合はう

この大なる静けさの中にこそ
まことのものが住む

悲しい者も怒れる者も
みんな寝しづまつてしまつて
森閑としてゆるやかに永遠が息づく
人間の思想はみんなぶち壊《こわ》されて
千古のむかしのしじまだけが
ひつそりとこの世をつゝむ

人問は何も誇るものを有《も》たない
人間がはかないものを誇る時
バベルの塔はくづれ落ちる
地球を巻きたてた夜のとばりのように
大なるものは天地《あめつち》を巻きたてる
物質はことごとく消え去つて
新らしい光が新らしい天地をつくる

君も私もまたすべての人も
あした眼がさめたら掌《て》を合せよう
掌《て》を合せる人々は大なる者の中に住む

怒りのほむらが清い宮を焼かないように
恨みの阿修羅が人の血を吸はないように
静かに強い永遠の脈膊に打そよがう

まんまんと拡つた大きな生命《いのち》の湖
みんなそこへ行つて水を汲《く》まう
青い山の影を宿したその湖の色
まるで魂が生き上るその鮮かさ
みんな力を合せて働かう
底ひない深さから湧いて来る歌をうたつて

あゝ森厳なる人間の呼吸
大宇宙の神秘に通ふ呼吸
新らしい朝胸にそれを感ぜぬか
涙ぐましくもその力に打そよぐ魂
世界はその前にすき通つて
永遠にかゞやく幻のおごそかさ
みんなで大なるものを創らうぢやないか

夜はしんしんとふけた
彼はジッと端座している

母の乳房を吸ふ赤ん坊の
唇の音がするばかり
無始の古を離れぬ夜の静けさ
草の芽ののびゆくこの静けさ
そのしづけさの中に
大なるもの丶心がせまり
何ものにも覆《くつが》えされない力がさゝやぐ
人類に測り知れないものは其の前に在る

魂の祈り（昭・三〇・一一）

［212頁「祈れる魂」参照］

オーム
われここに聖坐して法に従い
万有の中に呼吸せしむ
万有をわが内に呼吸せしむ
願くば我を宇宙の大法と一ならしめ給え

オーム
燃えさかる火が薪をば灰となす如く
烱然として自ら燃えなば
心統一して神に等しく……
願くば聖火よわが内に燃え輝き給え

オーム
一すぢの糸が珠数《じゅず》を貫くごとく
万有を貫きしかも超然と
万有を超えて実在し給う御父よ
大みふところに無限の真理を学ばしめ給え

オーム
健忍不抜不死永遠なる御父よ
愛の犠牲にして歓喜の光焔なる御父よ
われをして健忍不抜不死永遠
愛の犠牲と歓喜の光焔たらしめ給え

おわりに

この書において、三浦師が渡米前の、治療能力を得た淵源の兼子尚積の治療の根本原理と実践例を修めた『神性の体験と認識――日本より人類へ――』（モナス社、昭和四年）と、三浦師が翻訳業から創作へと決然と立ちあがった記念史的詩集『祈れる魂』を紹介することが出来るのは、三浦師の若き日の、魂の本来の願いへの決断と、義侠心と人情と霊的憧れに充ちた心情を、なお深く知るための最上の素材になったのではないかと思う。

さらに、三浦師の次男・宙一氏の音楽界での活躍の一端が、はからずもそのお弟子の山口貞好《さだこ》さんとの出会いによって解明されたことは意義深い事であった。

そして、三浦師の弟子たちの霊的体験を収録できたことは、三浦師の到達した魂のレベルの影響を示すものとして、価値あるものである。

この書を世に贈るに当たって、お世話になった竜王文庫社長の原忠様、三浦師の孫にあたる田中盛二氏、三浦師の次男・三浦宙一氏の弟子の一人・山口貞好さんに、またその親戚山口美和子さん、加えて日朗氏の略歴を送って下さった美和子さんの姉の正木純恵さんによっても三男日朗氏の芸術面の一端が明らかなったことに、改めて心からの感謝を捧げたい。合わせて、これを機会に、三浦関造師をはじめとする故人となったお子様方の冥福を祈るものである。

この書が、さまざまな機縁を結ぶ幸福の鳥となるように祈りたい。

平成三〇（二〇一八）年一一月吉日　編著者・竜王会会長　岩間浩

◎訂正事項：平成二八年発行の『綜合ヨガの創始者・三浦関造の生涯』の二一二頁、関東大震災発生のところ、「昭和」ではなく「大正」にお直しください。

索　引

（注：数字は頁番号を示す）

編著者　**岩間　浩**　のプロフィール

一九三九(昭和一四)年東京都杉並区に生まる。早稲田大学教育学部教育学専攻卒、同大学人文科学研究科の大学院修士・博士課程(教育学専攻)を経て、芝浦工業短期大学・同大学で助教授。一九八三年から一九八九年まで米国東部に滞在し、ペンシルベニア州立大学で、異文化が日本人中学生の文化意識に及ぼす研究で博士号(Ph. D)を取得。一九九〇(平成二)年から二〇〇九(平成二一)年まで国士舘大学文学部教授として、教育学及び教育心理学関連科目を担当、小学校の教員養成に従事する。退職後に「岩間教育科学文化研究所」を設立し、新教育運動史研究の辞典作成を目指し研究誌を発行(現在第二〇号)。世界新教育学会事務局長兼常任理事を経て現副会長。また、総合ヨガ団体「竜王会」会長。

著書に、編共著『わかちあいの教育』(文芸社)、共著『未来を築く教育者たち』(コスモス・ライブラリー)、単著『小さな大使の異文化体験』(学苑社)、単著『空間の感覚』(丘書房)、単著『ユネスコ創設の源流を訪ねて』(学苑社)、単著『子どもの心理と生涯発達心理学』(学苑社)、編共著『学校空間の研究』(コスモス・ライブラリー、星雲社)、単著『綜合ヨガの創始者・三浦関造の生涯』(竜王文庫)、単著『今を生きる―その意義の考察―』(オリオン出版)、『見えないものこそ肝要』(オリオン出版)、単著『シュプランガー断章』(オリオン出版)など。翻訳書：E・シュプランガー著『小学校の固有精神』(槇書店、復刻版・青山社)、共訳書：E・シュプランガー著『意図せざる教育作用の法則』(オリオン出版)、画文集二冊。『世界新教育運動辞典』分冊第一巻(二〇一三年)、同分冊第二巻(オリオン出版:二〇一八年)。

綜合ヨガ創始者
三浦関造の生涯 続編

平成三〇年十二月一五日 初版発行

編著者 岩間 浩

発行者 原忠

〒665－0866
兵庫県宝塚市星の荘24－26
（株）竜王文庫
電話0797－86－0405

印刷者 （有）双葉堂

ISBN978-4-89741-114-9 ¥C0014 ¥2200E

晩年の三浦関造・ハル（春子）夫妻